坂口孝則

# 牛丼一杯の儲けは9円

「利益」と「仕入れ」の仁義なき経済



幻冬舎新書
071

# はじめに

## 業界で抜きんでた利益率の秘密

世の中には嘘が二つあります。

一つめ。

「企業や飲食店、小売業においては、マーケティング・営業こそが最も大事だ」という嘘。

二つめ。

「業界によって利益率が決まってしまう」という嘘。

本書は、それらの嘘から読者を脱却させることを目的としています。

もちろん、私は営業やマーケティングが不要だ、と言いたいわけではありません。

それに、業界全体の優勢・劣勢が、そこに身をおく企業の利益に影響を与えないと言いたいわけでもありません。

私が言いたいのは、マーケティングや営業に力を入れ、売上げをアップさせて利益を拡大していくことだけが唯一の答えではありませんよ、ということです。

世の中には、売上げを伸ばさずに、ちょっとした工夫で利益を向上させているところがあります。また、不況の業界のなかにあって、これまたちょっとした工夫によって、他社と比べて優れた利益率を叩きだしているところもあるのです。

では、その「ちょっとした工夫」とは何か？

この本では、その答えを「仕入れ」に求めます。

「仕入れ」とは何か？

文字通り、生産や販売、操業のために、外部から商品を買うことです。どんな商売をしていても、この「仕入れ」と無関係なところはありません。無から有を生み出すことはできないのです。消しゴムでも、パソコンでも、大型生産設備でも、食材でも、何でも。外部から「仕入れ」たものを利用することから、すべての商売は始まります。

「買うことが、利益につながるはずがないだろう」って？

もちろん、売上げだけを気にしてもよいでしょう。

だけど、今はどんどんモノが売れなくなっている時代です。売上げを伸ばしても、薄利多売であれば、ジリ貧に陥っていくしかありません。無理して拡販するよりも、現在の売上げ規模で利益だけが向上していけばそれに越したことはないはずです。

それならば、「マーケティング・営業」に力を入れない、「業界で抜きんでた利益率」を記録している企業は何をしているのか？　そう、それは

**●できるだけ安く仕入れること**
**●仕入れたものをできるだけ上手く使うこと**

という、このたった二つの簡単なことを行なっているのです。

簡単な計算をしてみましょう。

一つの商品だけを生産しており、製造原価が80円で、諸経費が10円で、販売価格が100円、販売数が100個の企業があったとします。

すると当然、利益は10円×100個＝1000円です。

いくつかの会社の決算報告書を見ていただければわかるとおり、利益率が10%というのは、かなり優れた企業といえるでしょう。


では、ここで製造原価を70円に下げたとします。

すると、どういうことになるでしょうか？

利益は一気に、20円×100個＝2000円と倍に膨らみます。

製造原価を変えずに、同額の利益を上げようとすれば、販売数を倍の200個売らねばなりません。仕入れ品を含む製造原価を、わずか10円下げることと、販売数を倍にすることとはどちらが簡単か。考えてみれば、すぐに前者であることがわかります。

これからは「仕入れ」をビジネス知識として持っておく必要があるのです。

## 仕入れをめぐる涙ぐましい努力

ただ、私は「仕入れ論」「原価論」を書きたいわけではありません。

通常の「仕入れ論」や「原価論」では描かれることのない、実際の社会の裏側で行なわれている各企業の涙ぐましい努力を私は伝えようとしています。そして、ときにあくどく、ずるがしこい「買い手たち」と、それに負けない「売り手たち」の攻防を描こうとしています。

例えば、こんな文章を読んだことがあるかもしれません。

「飲食店の原価は30％程度に抑えられています」

「家電量販店は、商品を大量に仕入れることによって格安で調達しています」

「大手製造業は、仕入れ先の集約によって大幅なコスト低減を実現しています」

新聞の記事であったり、商品の原価を教える書籍群であったり、経済学的な知識を教えるビジネス書であったり。

しかし、これらの言説は、正しそうで正しくありません。

なぜなら、身近にあふれる商品の利益率は、企業によってまったく異なるからです。

これが二つめの嘘に値するところです。まずは、どんな仕入れを実践しているかを問わねばなりません。

飲食店の原価が30％というのは、平均としては正しいかもしれない。

しかし、その30％を28％にする「仕入れ」もあれば、35％にしてしまう「仕入れ」もあるのです。そして、その結果大きな利益をもたらす「仕入れ」もあれば、赤字に転落させせてしまう「仕入れ」もあります。

「幸せな家庭はどこも似通っているが、不幸な家庭は多様である」とロシアの文豪トルストイは『アンナ・カレーニナ』のなかで書きましたが、企業に当てはめれば、「儲かっている企業には、それぞれ多様な仕入れの工夫があり、儲かっていない企業の仕入れはどこも似通っている」と言うことができるかもしれません。

高く仕入れることは、相手の言いなりになっていれば済むことですが、安く仕入れたり仕入れ商品を上手く使ったりすることにはさまざまなアイディアや考慮が必要だからです。

仕入れによって儲けようとしている企業や店があったなんて知らなかったかもしれません。実は、今日もそんな、儲かるための「仕入れ」をずっとずっと考えている人たちがいます。会社によっては、調達・購買と呼ばれている部署かもしれません。バイヤーとかマーチャンダイザーと呼ばれている人たちかもしれません。

あるいは、社員になど任せずに、社長が率先して仕入れの前線に立っている場合もあります。それだけ仕入れの重要性を理解しているからです。

私は、運良く一人の仕入れ担当者として数多くの仕入れ先と出会い、経験を積むことができました。また、調達業務研究家として、多くの分野の人たち、そして先端研究を行なっている人たちと交流することによって、取引にまつわる面白い知識やエピソードを得ることもできました。

世の中の流通・経済の仕組み、「これは脱法行為ではないのか？」と思ってしまうテクニックや、逆に呆れてしまう仕入れ先の話をご紹介します。

本書はできるだけ具体的な例をあげながら、取引・仕入れの現場を味わってもらえるようにしてあります。

経済学的な知識や、数学の知識、そして難解な前提知識は不要です。

世の中の仕入れ担当者はこんなことを考えながら日々利益向上のために努力しているということが、ビジネスの仕組みとしておわかりいただければ幸いです。そして、誰もが死ぬまで離れることのできない「買う」という行為を通じて、読者のみなさんがこれまでと異なる「社会への視点」を持っていただければこれに勝る喜びはありません。

＊1本書で使用した各商品の価格はシミュレーションのためのものであり、特定企業の特定商品を想定しているわけではない。
＊2各企業の営業利益率等の数値は、表記上、下二桁までとした。シミュレーションは下二桁以下も使用しているため、読者の計算とは若干の差異が生じることもある。

# 牛丼一杯の儲けは9円／目次

はじめに　3

第1章　一つの商品から生まれる意外な利益　17

**牛丼一杯は9円**　18

売れているのに儲からない　18

商品一個の利益から世界が見えてくる　19

牛丼一杯の原価はいくら？　20

各社の決算書と比較する　25

材料費が10円下がれば利益は倍　26

グループ化による仕入れコストの低減　27

価格安定化のための工夫　28

原価にはこだわりが反映される　30

**ブランドバッグ一個は600円**　31

ブランドと百貨店の関係　31

価格統制された高級品　33

仕入れ単価は販売価格の8割　34
国内正規ルート以外のルート　37
新作バッグの情報横流し　38
**高級テレビ一台は1万円**　40
量販店の熾烈な価格競争　40
営業利益がマイナスになる量販店　42
大量仕入れと闇ルート　44
報奨金で利益はプラスに　46
**コーヒー一杯は20円**　49
かつては儲かる商売だった!?　49
スタバが支払うロイヤリティー　52
コーヒー以外の拡販努力　54
**自動車一台は10万円**　56
国産新車で苦戦中　56
国内市場で儲けが出ない　57
自動車メーカーが儲からない三つの理由　58
誰も気にしていない個別の利益率　64

利益の分類 66
手間と時間まで管理する居酒屋チェーン 68
誰も気にしていない仕入れと利益の関係 70
V字回復を支えた仕入れ 71
仕入れで企業スタンスをアピール 72
利益を伸ばす起爆剤 74

## 第2章 利益を生む「工夫」と「不正」の微妙な境界 77

工夫と不正の分かれ道はどこ? 78

**工夫①——誤差を利用して利益を生む** 79
0・05ミリ鉄板を薄くして約4%も利益が向上 79
客から認めてもらえないこだわりに価値はない 84

**工夫②——仕入れ先を知りつくす** 85
知識があれば優位に立てる 85
過去の購入価格と比べてみる 86
類似品の価格と比べてみる 88
不当に買い叩かれた後の悲惨な内情 90

**工夫③――仕入れルートを変えてみる** 92
中間業者を抜く 92
複雑な流通構造ゆえの価格上昇 95
直接買えば企業も家計も変わる 98
**工夫④――レンタルできるものはレンタルを** 100
買う必要のないものは買わない 100
「長く使う」というのは幻想 103
**不正①――人間の感覚を惑わす1%の誤差** 105
ラーメンの麺を2本減らしたら 105
感覚の鈍さが利用される 108
小細工で原価を抑える人たち 111
**不正②――支払額を突然下げる買い手たち** 112
借金を返さなくてもいい方法 113
一方的に10%の値下げを通告 114
契約自由の原則という罠 116
**不正③――倒産仕入れと詐欺仕入れ** 119
独自ルートという闇 119

倒産ビデオ店から仕入れるCDやDVD 120
廃品回収業者がつぶれない理由 122

## 第3章 値段をめぐる仁義なき戦い 125

仕入れの失敗につながる要因 126
性悪説的な考え方の有効性 127
利益を下げる仕入れの条件 128
商品を知らないがゆえの失敗 129
無知な相手に高く売りつける方法 131
市場価格を知らないがゆえの失敗 137
売り手と買い手の情報の不均衡 140
仕入れ条件を曖昧にしたがゆえの失敗 142
納入時期条件にまつわる失敗 144
支払い条件にまつわるトラブル 146
曖昧な条件にはツケがまわってくる 148
利益を上げるために必要な三つの条件 149
節約ではなくエコロジー 151
本当に安いところから買っているか？ 153

為替を利用する　156
時間差を利用する　158
客がわかる価値とわからない価値　161
仕入れ品を上手く使う　168
一度作ったものは使い切る　171
改善よりも工夫を　174

## 第4章　利益と仕入れの無限の可能性　175

仕入れではまる盲点　176
常識はずれの仕入れ先　177
「企業姿勢」という新しい基準　180
とんでもない身内　182
万引き一個で数十個分の売上げが飛ぶ　184
仕入れ先からの便宜供与　187
気づかない毎月の引き落とし　189
会社の固定費を減らす方法　193
ＡＳＰよりも都度払いに　194
最初のハードルの低さに騙されるな　196

目玉商品の「ついでに」買わせる 198
「ついでに」買わせることの有効性 199
購入代金より高い修理代 202
修理・保守で儲けるビジネスモデル 204
1円で買ったのに点検代は数百万 206
事前のチェックが必要 208
人件費は固定費か、変動費か 209
仕入れを通じて利益構造を変える 212
仕入れから会社が変わる 214
おわりに 217

図版作成　堀内美保
TYPE FACE

# 第1章 一つの商品から生まれる意外な利益

# 牛丼一杯は9円

## 売れているのに儲からない

「すごい売上げ増で、とても人手が追いつきません！」

こういうセリフと、「まったく儲かりません」というセリフが同居する可能性を想像できる人はなかなかいません。

とあるシンポジウムに招かれて話をした後のことです。参加者の一人が私に話しかけてきました。

「おかげさまで売上げは伸びているんですけれど、まったく儲かっていません。どうしたものでしょうか」

この人は、生活用品を販売する会社を経営しているようでした。

事業の拡大とともに、人員を補強。そして、販売攻勢をかけ、売上げは順調に伸びてきたとのこと。ただ、最終利益率は低下し、半分くらいになっている、と。

私は経営コンサルタントではないので経営の建て直しを請け負うことはありませんが、

聞いているうちに気づいたことがありました。それは、社員全体が「売上げ至上主義になっている」ということ、そして、「仕入れや販売活動に関わるコストに関しては誰も気にしていない」ということでした。

「売上げだけではなく、商品個別の原価と利益をもっと意識するように社員に伝えたらどうでしょう」と私は言い、その場を立ち去りました。

## 商品一個の利益から世界が見えてくる

「売上げが前年同期比〇%アップ」というフレーズは、世の中の半分しか見たことになりません。それは、会社のアウトプットにすぎず、インプットの方を見ていないのです。

誰もが大企業を見れば、その売上げの大きさゆえに「儲かっていそう」という感覚を抱きます。ただ、本当に儲かっているのか確認しようとする人は少数です。他人の会社だけではなく、まさに自分が売っているものの利益を把握していない人すらいます。

今月いくら儲かった、だけではなく。今期いくら儲かった、だけでもなく。自分が売っている商品の、そして自分がいつも購入している商品の利益はどの程度のものなのか。それぞれの商品を一つ売ったときに、いくら儲かるのか。こういうことを意識してみれば、新しい世界がそこには広がっています。

帰りに立ち寄った吉野家で牛丼が運ばれてくるほんのわずかな時間に、そんなことを私は考えていました。

すると、すぐに店員の笑顔とともに牛丼が私の前にやってきます。安い・早い・美味《うま》い、という三拍子揃ったこの牛丼は、いまや「国民食」といってよいほど消費されています。

そういえば、この牛丼一杯の利益率はどの程度のものなのでしょうか？

## 牛丼一杯の原価はいくら？

24時間営業の牛丼店。一杯350円の牛丼を販売していると想定します。

牛丼を構成する食材は、牛肉、タマネギ、タレ、ご飯の四つです。チェーン店にもよりますが、並盛り一杯の牛丼にそれぞれを何グラム使用するかは決められています。

**・牛丼並盛り一杯の食材**
**牛肉……おおよそ80グラム**
**タマネギ……5切れほど（60グラム）**

タレ……30グラム程度
ご飯……260グラム程度

・材料の原価
牛肉（調理・カット費込みで1000円／キロ）……80円
タマネギ（90円／キロ）……5切れで5・4円
タレ……30円
ご飯……40円

・諸経費
お茶・割り箸・紅しょうが・紙ナプキン……20円
合計……約175・4円

ここから、人件費等の計算をしてみましょう。時給900円のバイトを3名、24時間雇うとします（ただし便宜上、深夜割り増しは考慮しません）。

・月あたりの人件費
900円×3名×24時間×31日＝200万8800円

・運営費
家賃……30万円／月
光熱費含む諸経費……25万円／月
合計（人件費＋家賃＋光熱費含む諸経費）……255万8800円

月あたりの売上げはどうなっているのでしょうか？

この店は350円の牛丼を販売し、1日500名の来店があったとします（なお、この数字はさほど実際と離れている数字ではありません）。

・月あたりの売上げ
350円×500名×31日＝542万5000円

## ■ 牛丼350円の内訳

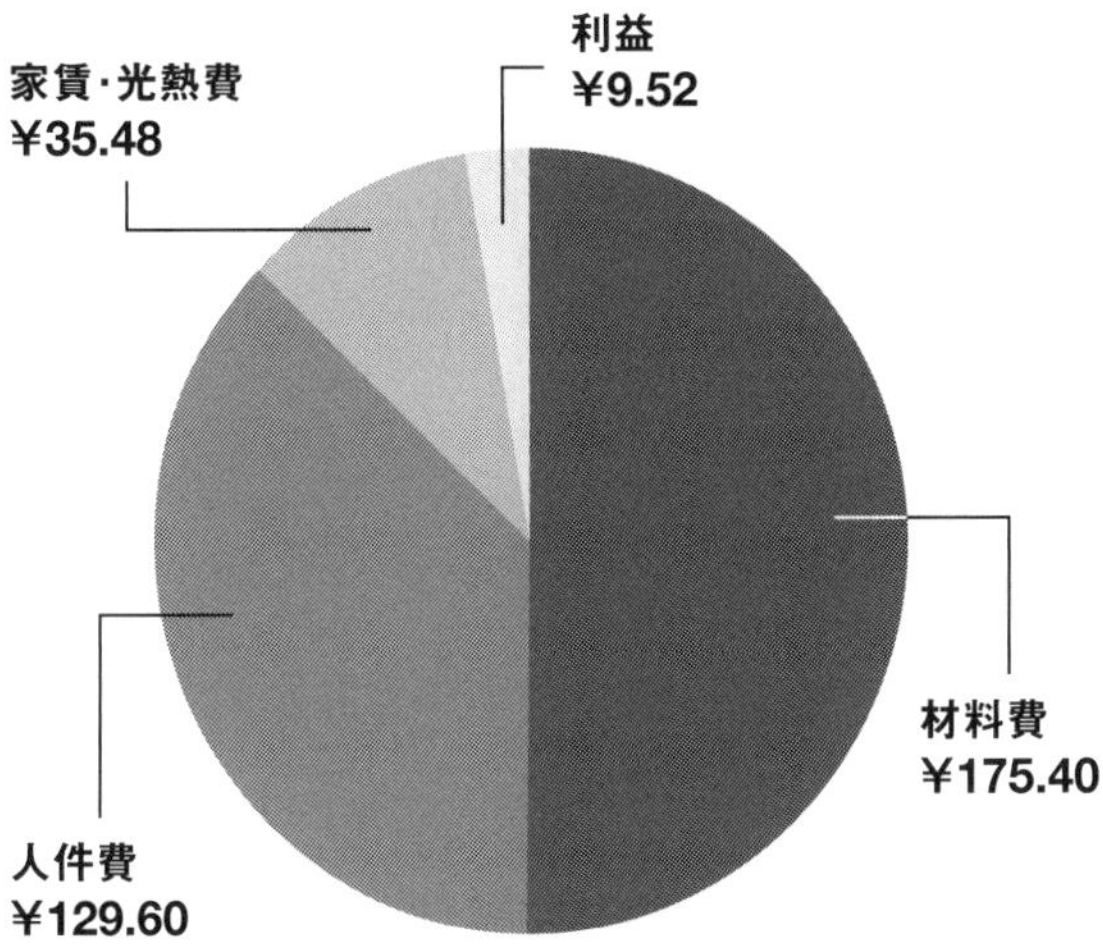


▼

**牛丼一杯の利益は約9.5円**

材料費を10.4円下げれば、利益率は2.72%から5.69%と倍増する

### 利益向上のためのテクニック

- 牛一頭まるごと仕入れて、材料費を下げる
- 卸市場を通さない直接仕入れにより、長期契約を結び安定的に安く購入する
- 直接仕入れることで、中間業者の物流費や管理費を抜く
- 海外から安価な材料を買う
- 調味料等を使用し、味をごまかす
- 販売にかける手間を減らす

なかなか大きな数字に見えます。

ただ、ここで売上げから材料・人件費等を引いてみましょう。

材料諸経費の合計はさきほど求めた175・4円／杯から、

175・4円×500名×31日＝271万8700円

**・月あたりの儲け**

**売上げ－材料費－人件費・光熱費等諸経費**

**＝542万5000円－271万8700円－255万8800円＝14万7500円**

とすれば、牛丼は500名×31日＝1万5500杯売れていますから、

**・一杯あたりの儲け**

**儲け÷販売数＝14万7500円÷1万5500杯≒9・5円**

牛丼を一杯販売して得られる利益は、たったの9円ちょっとという結果が出ます。「いらっしゃいませ」と言って、お茶を出して、牛丼を出して、後片付けをして、たったの9円です。これは本当なのでしょうか。

## 各社の決算書と比較する

この値を実際の企業の決算報告の値と比べてみましょう。

例えば、私の自宅の近くにもある松屋。ここの2007年3月期決算の営業利益率は2・63％でした。これも同じく、350円の牛丼を想定すると、350円×2・63％≒9・2円ほどの利益。多くの仮定を設けているものの、前述の牛丼屋シミュレーションはそれほど外れてはいないという結果になっています。

では、吉野家はどうでしょう。

2007年2月期決算の営業利益率は3・51％でした。これも同じく350円の牛丼で計算すると、12・3円の利益という結果が出ます。

もちろん、牛丼屋は牛丼のみを販売しているわけではありません。サイドメニューもあります。来客者数が一定でもなければ、バイト人数も一緒ではありません。それに、原価と比べて牛丼だけは客引きメニューとして、薄利で販売しているところもありましょう。ただし、シミュレーション上は近い値が出てきます。結果としては、牛丼屋の一杯の利益は9円前後ではないかと推測されるわけです。

## 材料費が10円下がれば利益は倍

ここでシミュレーションの最初に計算した材料の原価に戻りましょう。

材料の価格については、私は一般的な数字を使用していました。ここで、材料費が175・4円ではなく、165円だったとします。すると、どうなるでしょうか？　一杯あたりの利益は19・9円に上昇します。利益率は、当初の2・72％から一気に5・69％と倍に上昇します。材料、つまり、仕入れの値段を下げることは、そのまま利益のアップにダイレクトにつながっていくのです。

材料の値段を下げれば、利益率が倍になるのです。計算すれば当たり前なのですが、来客数や売上高にばかり気をとられ、なかなか気づきません。売上げを伸ばさずとも、儲かる手段はあるわけです。

では、消費者が気づかない食の仕入れの裏側で、仕入れの重要性に気づいた企業はどんなことをしているのでしょうか。

まず仕入れ単位を工夫します。牛肉は本来であれば、部位ごとに分けるのではなく、牛一頭まるごと仕入れる方が効率的です。部位を分けて仕入れようと思えば、仕入れ先はそれごとにカットする必要が出てくるため、どうしても費用がかさむわけです。

## グループ化による仕入れコストの低減

とある小売チェーン店の仕入れ担当者は、牛をまるごと何頭分も仕入れ、高級部位はグループのレストランに流し、その他のところは小売店に流し、牛をまるごと使えるような仕組みを構築しています。そうすることによって、最安値の仕入れを実現しているわけです。それだけで、30％は価格が違ってきます。

しかし、牛丼店は特定の部位しか使用しません。だから、牛一頭の必要性はありません。では、どのような工夫が可能なのかというと、結局は前述の小売チェーン店と同じことをするのです。

例えば、他の外食産業を傘下におさめている企業があります。牛一頭まるごと仕入れて、不要な箇所を他の系列企業に横流ししたり、サイドメニューを作って牛の別の部位を提供したりしています。

ここで、企業合併のもう一つの意味を知ることができるでしょう。企業合併は、事業リスクの分散という意味だけではなく、仕入れコストの低減という側面があるのです。

## 価格安定化のための工夫

また、牛丼チェーン店の多くは、卸市場を通さない独自の仕入れルートを持っています。通常であれば、食材の仕入れ価格は、その卸市場の値動きに日々左右されてしまうものです。その仕入れ価格を安定化させるために、海外の業者と、例えば3ヶ月単位で「牛肉1キロあたり6ドル」といったような価格契約を結ぶのです。

そうすることで、市場の価格がたとえ高騰しても、安い価格のままで仕入れることができます。海外の業者にとっても、3ヶ月単位で安定した量を販売できるのでメリットがあります。仕入れ先との関係は、各社とも長期的な付き合いが基本です。それに、直接仕入れれば、中間業者の物流費も不要になります。

ただし、農作物のような食材はどうしても不作だったり、できがよくなかったりします。一社だけに任せておくと非常に危なっかしいのです。

そこで、仕入れ企業は、二社以上と同時に契約を結んでおくことが珍しくありません。これを、業界用語では、「ダブルソース」と呼びます。一つの食材につき、二社以上の仕入れ先を確保しておくことで、危機に備えようとする試みです。

かつ定期的な価格契約更新のときには、他の仕入れ先を確保しておけば、強気な交渉も可能でしょう。仕入れ企業が、一社の仕入れ先だけに依存していれば、仕入れ先の交渉力の方がどうしても強くなってしまいます。誰だって、交渉相手が「自分たちを頼りにしている」と思えば、提示価格を引き下げません。そこで、違う仕入れ先の情報をチラつかせて、仕入れ企業に有利な価格条件を引き出すのです。

ところで、海外から仕入れるとき、為替の変動が問題になります。

日本国内で1000円のものを、7ドルで仕入れるとします。1ドル＝120円であれば、円換算で840円ですから、輸入のメリットありです。ただ、突然1ドル＝150円になってしまえば、1050円ですから、輸入のメリットは消えてしまいます。

やや専門的な話になりますが、このようなドル取引をする際に使われているのは、為替予約というものです。金融機関と一定為替条件での売買をあらかじめ決めておくことで、リスクを回避します。想定レートが1ドル＝120円であれば、それで設定し、金融機関に介入してもらうことで、海外仕入れ先への支払いを一定期間安定化させるわけです。本当はもっと複雑な管理や手続きが必要になりますし、手数料も発生します。とはいえ、これも為替の突発的な変動に備えた危機管理の手法と呼ぶことができるでしょう。「海外から仕入れれば、それだけで安くなる」ということはなく、そこにはさまざまな工夫が潜んでいます。

## 原価にはこだわりが反映される

そして、タマネギ。タマネギに関しては、中国から調達するところもあります。やや品質的に問題があることも多いのですが、自社で直接取引すれば日本では90円／キロで卸されているところを、上下のヘタ切れ品で50円／キロで仕入れることも可能です。

また、大きな声では言えないのでしょうが、牛丼を提供しているところによっては、調味料を多量に使っています。調味料を多量に使えば、多くの人の味覚はだませます。だから、牛肉もタマネギも調味料と一緒に煮込んでしまえば、多少粗悪品を使っても気づかれないだろう、というわけです（ちなみに、米国産牛にこだわる牛丼屋もありますが、あれは味よりも舌感覚を気にしているためだといわれます）。

加えて、従業員の一杯あたりの手間を減らすために、食券の自動販売機を設置するところもあります。

ただ、逆に吉野家は自販機を設置しない理由として、従業員がお客に「ありがとうございました」の一言を確実にかけることができるため、ということを挙げています。

そのことに価値を感じなければ、自販機を設置すればよい。お客に、多少劣った食材を使っても問題ないと思えば、調味料を使い材料費を下げればよい。つまり、各企業の原価は、それぞれの「こだわり」が色濃く反映された結果なのです。

そして、牛丼一杯の利益から、この仕入れの旅は始まります。

## ブランドバッグ一個は600円

### ブランドと百貨店の関係

以前、百貨店で働く女性たちと合同で懇親会を催したことがあります。百貨店で働き、ブランド物を販売するとはなんだかかっこいい。そんなイメージを持っていました。

しかし、そこで出てきたのはイメージとは異なった発言ばかり。

「あれは、力仕事。ダンボール運んだり、ゴミを捨てたり、走って商品を取りに行ったり」

「立ちっぱなしだから、ホントに体疲れちゃうし」

「それに、服装は毎日替えなきゃいけないから、服を買わなきゃいけないし」

「おまけに給料も安いし」

と現代の三重苦を体現しているかのような口ぶりでした。ちなみにそこは、20代半ばで年収350万円ほどらしいので、とりたてて低いとは思わないのですが、仕事に見合った給料ではないと思っていたのでしょう。

ただし、「?」が私のなかに浮かんできました。かつて業界紙で、ルイ・ヴィトンやアルマーニ、エルメスなどのブランドメーカーの利益が10%以上の高水準を保持し続けているという内容を目にしたことがあるからです。

ブランドメーカーは儲かっているのに、それを販売する百貨店は儲かっていない? それはどういう構造なのか。合同懇親会の際、私の目の前に座った淑女は自分で販売しているブランドのバッグを持っていました。淑女がタバコを取り出した、そのブランドバッグ一個の利益はどの程度なのでしょうか?

## 価格統制された高級品

ブランドバッグの正規品を買おうと思えば、二通りの方法が考えられます。ブランド直営店で購入するか、セレクトショップで購入するかです。ブランド直営店は都内や関西には存在しますが、その他地域ではセレクトショップから購入することがほとんどでしょう。

まず、「ブランド」といっても、さまざまな仕入れ先があります。ほぼすべてのバッグはどこかしらの製造元が明記してありますので、「すべてブランド品だ」といえなくもありません。ただ、そういう議論をしていては話が始まらないので、ここでは、ランクが低く（！）誰も知らないようなブランドは除外しましょう。多くの女性が知っており、かつ手軽に買えるようなブランドが対象です。

ちなみに高級ブランド品は流通をしっかりと押さえられています。正規輸入代理店が市場の値崩れを起こさないように、価格統制をしているのです。

例えば、チラシを印刷しようとすれば、印刷業者はA社でもB社でもよいでしょうが、ブランド品の場合はC社ならば、C社でなければ意味がありません。

供給側の競争がないところでは価格は下がりません。これは市場の原理です。必然的に、競争相手のいないブランドバッグの仕入れ単価は非常に高くなります。

## 仕入れ単価は販売価格の8割

仕入れ原価について論じた書籍群によると「セレクトショップで仕入れる単価は販売価格の約7割」といわれています。しかし、バイヤーに聞いてみるともっと高いものがあふれている。高級ブランドによっては、販売価格の8割に達することもあります。しかも、ブランド品を売ろうと思えば、ブランド側が販売価格を管理しているため、不当に安くすることも高くすることもできません。

3万円のブランドバッグを2万4000円で仕入れる。セレクトショップは陳列するだけでその6000円がまるまる儲けになるかというと、もちろんそんなことはなく、そこから諸経費が引かれます。

人件費と光熱費（約15％）、加えて出店先への出店料（約3％）を支払うと、約18％がさらに引かれて、残るのはわずか2％の600円となります。

3万円のものを販売して600円とは、これまたかなり低いのではないか、と感じてしまうでしょう。ショッピングモールやセレクトショップで上場している適当なところがな

## ■ブランドバッグ3万円の内訳

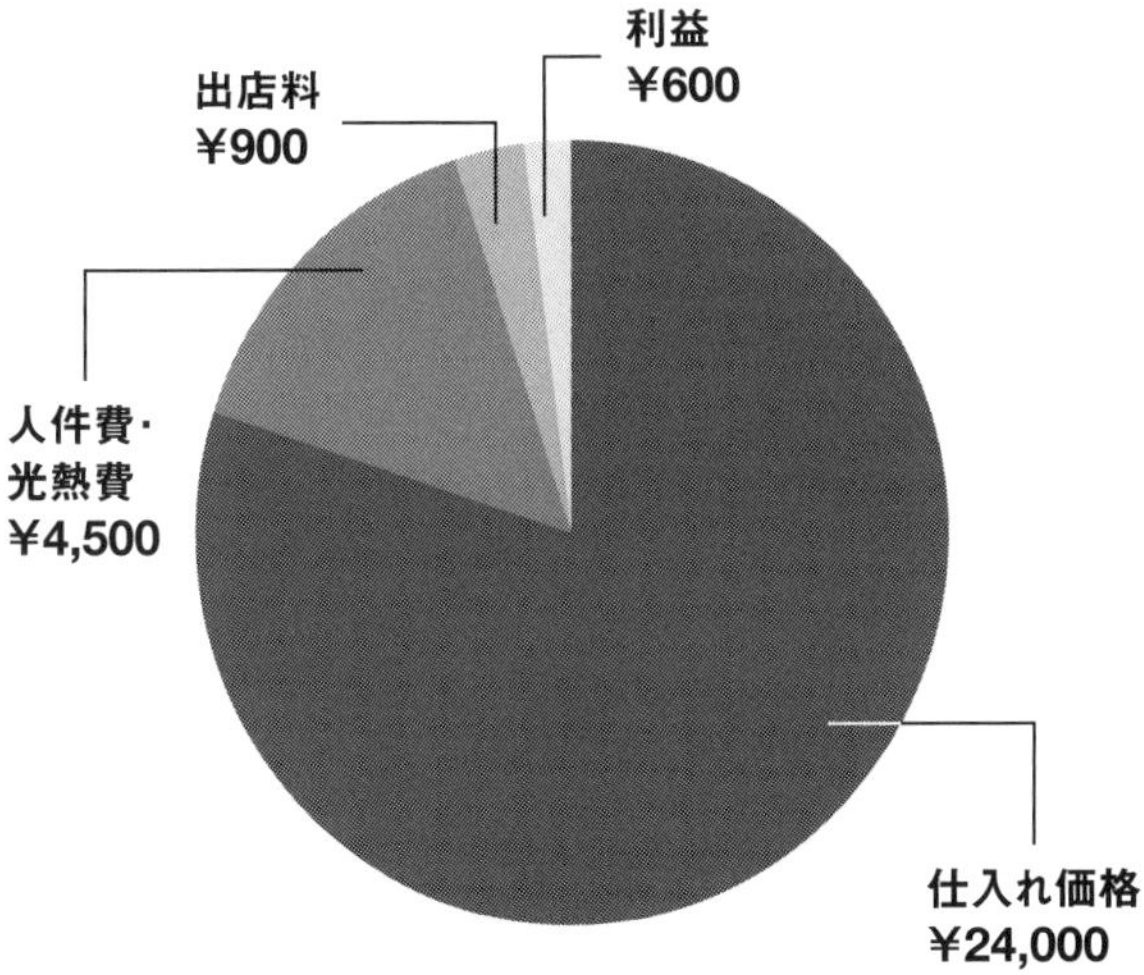


▼

**ブランドバッグ一個の利益は約600円**

仕入れ価格がほとんどの割合を占める

### 利益向上のためのテクニック

- 海外からの直接買い付けで仕入れ価格を下げる
- インターネットで外国業者から購入する
- コピー品を購入する

いので、食材や衣料品を同時に販売しているとはいえ、例えば百貨店全体の営業利益率を見てみましょう。

髙島屋の2007年2月期の営業利益率は、2・36%ほどでした。

単純計算をしてみると、

3万円×2・36%≒708円

三越の同じく2007年2月期の営業利益率は1・66%。

3万円×1・66%≒497円

優れた販売戦略で名高い伊勢丹の2007年3月期の営業利益率は4・74%。

3万円×4・74%≒1423円

営業利益が2%すら出ていない百貨店もたくさんありますので、600円とはさもありなん、という数字のようです。

## 国内正規ルート以外のルート

この現状に、「ブランドバッグを安く仕入れたい」業者はどうしているのでしょうか。

私は、「高級ブランド品は流通をしっかりと押さえられています」と書きました。これは、国内の正規ルートで仕入れようと思えば、の話。

この国内正規ルートを通さない場合は、もちろん別です。簡単にやろうと思えば、仕入れ要員を現地に送り込む方法があります。

よく知られているように、日本で買えば10万円するブランド品も、韓国やあるいは、イタリアなどのブランド本場国に行けば、2～3割は安い7万～8万円で仕入れることができます。もちろん、贋物《にせもの》の輸入はご法度ですが、しかるべき手続きを踏めば個人輸入のかたちで持ってくることは可能です。

以前、現地のブランドショップに日本人が殺到し、店の雰囲気を壊してしまったため、日本人には販売してくれない、嫌な顔をされる、と報道されたことがありました。資本主義社会においては、どう売ろうと自由ですから非難すべきことではないかもしれません。実際に、今でも「一人一個しか売らない」と言われることもあるようです。その場合は、各店を回ったり、時間差で購入したりすることで、その「規制」をかいくぐりつつ、仕入れを重ねていきます。

最近はインターネットが発達してきたこともあり、ブランド品の新作を外国業者から個人輸入し、それをオークションや個人サイトで販売しているケースも見られます。この場合は、国内で販売されるものとまったく同じものを、国間価格格差を利用して安く仕入れるわけなので、選別眼が必要であることはいうまでもありません。

## 新作バッグの情報横流し

もっと悪質なものとして、明確な贋物を仕入れる例があります。

現在、有名ブランドの新作バッグは発売と同時に、なぜかコピー品が出回り、当局とのいたちごっこが続いています。自動車メーカーの新車の写真が出回ってしまうのと同様に、これも有名ブランドメーカーのなかに機密漏洩《ろうえい》者が存在するか、あるいは試作品を作っている業者からの情報横流しです。

この不正に手を染めた人間は、いくらかのバックマージンを入手して、新作バッグの現物を盗み出し、贋物業者に渡します。そうすれば、最新技術で、表面模様と糸・ステッチパターンの種類をあっという間に解析・模倣されるわけです。

よく「贋物は見分けるポイントがある」という人がいますが、実際は巧妙な品（贋物にもレベルが存在する）であればほとんどわからないと思われます。税関検査員も、世の中で超有名なブランドであれば、「チェック表」を持っているでしょうが、すべてを網羅できているわけではありません。

こういうものを仕入れようと思えば、正規ルートに比して半額以下です。これを堂々と販売してしまう。路上で外国人が販売していれば、すぐにバッタ品だと思ってしまうところも、通販やそれなりの店構えで、そこそこの価格で売られていると信じてしまうわけです。贋物か本物かわからないくらいの選別眼しか持っていないのであれば、本物ではなくとも関係ないのではないかとも思ってしまいますが、やはり心情的に贋物をつかまされてしまったら、心穏やかではないでしょう。

ただ、個人として購入したい場合は、試しにインターネットを利用して海外のショップから買ってみてはどうでしょうか。英語というハードルがありますが、やってみれば簡単なことがほとんどです。ブランド直営のところもありますし、価格も日本で買うよりは安くなります。

もちろん、「高くなければ意味がない」と、ブランドバッグの高価さに価値を感じる方もいらっしゃるでしょう。ただ、販売業者であれば、販売価格は高くしたままでも、仕入れ原価を下げるに越したことはありません。600円の儲けにとどめておくか、それ以上かは仕入れによって左右できるのです。

## 高級テレビ一台は1万円

### 量販店の熾烈な価格競争

「これを見てみろ!」

先日、家電量販店のテレビ売り場で、面白い光景に出くわしました。

家電量販店には「他店が安ければお知らせください」という張り紙がされています。競合店の方が安く、売上げを取られるくらいならば、それよりも1円でも安くしてみせる、というわけです。

そのとき見かけた客は携帯電話で撮影した他店の値札を見せていました。しかも、どうやら夫婦で別の店に行って、お互いが発見した最安値の値札をメール送信しているようです。

「これ、今、撮ったやつだ」と自慢げに見せる夫。困っている店員。ある程度商談が進むと、夫側は「いくらまで下がったぞ」などとおそらく妻と携帯電話で会話している。他店の値段をチラつかせて、どの店からもっと安い価格を引き出せるかをやっているのです。これこそ、デジタルとアナログを融合させた新しい価格交渉手法だ、と感心してしまいました。

ただ、インターネット上ではもっと露骨な価格比較が繰り広げられています。売れ筋のテレビを最安値で販売している店のランキングがリアルタイムで表示されるサイトが人気です。配送費を加味して、どこの店が最も安いか。どんな店かなど関係ありません。かつては家電製品が壊れたら修理するという文化もあったのでしょうが、今では買い替える派が大半です。その状況では、買う瞬間に安ければよい、という風潮にならざるをえません。

店同士は競争度合いを強め、客は情報収集にやっきになっています。では、家電量販店で売られている、この高級テレビの店側の利益はどの程度なのでしょうか？

## 営業利益がマイナスになる量販店

ここに30万円の大型テレビを販売している家電量販店があったとしましょう。もちろんテレビの製造元によっても異なりますが、家電量販店は販売価格の7〜8割で卸問屋から仕入れてきます。

30万円ならば、だいたい卸価格は21万〜24万円です。ということは、6万〜9万円が儲けということになるのでしょうか？　もちろん違います。ばんばんチラシを刷ったり、照明をつけたり、音を鳴らしたり、在庫を保管する費用が発生します。それに、販売員は高度な知識を必要とされるためにアルバイトを雇って「明日からよろしく」というわけにはいきません。

それらを集計すると、人件費や諸経費が、販売価格の20％程度はどうしてもかかってしまいます。残ったのは、多くても3万円。場合によっては0円。

考えてみれば、これはあまりに低い利益率ではないか、と思えます。3万円が残ったとしても、お客から他店の安さをチラつかされて値引きしてしまうこともあるでしょう。そうしてしまえば、利益はもっと低くなります。

ここで、家電量販店各社の決算書を見てみましょう（できるだけ家電量販店の売上比率

## 高級テレビ30万円の内訳

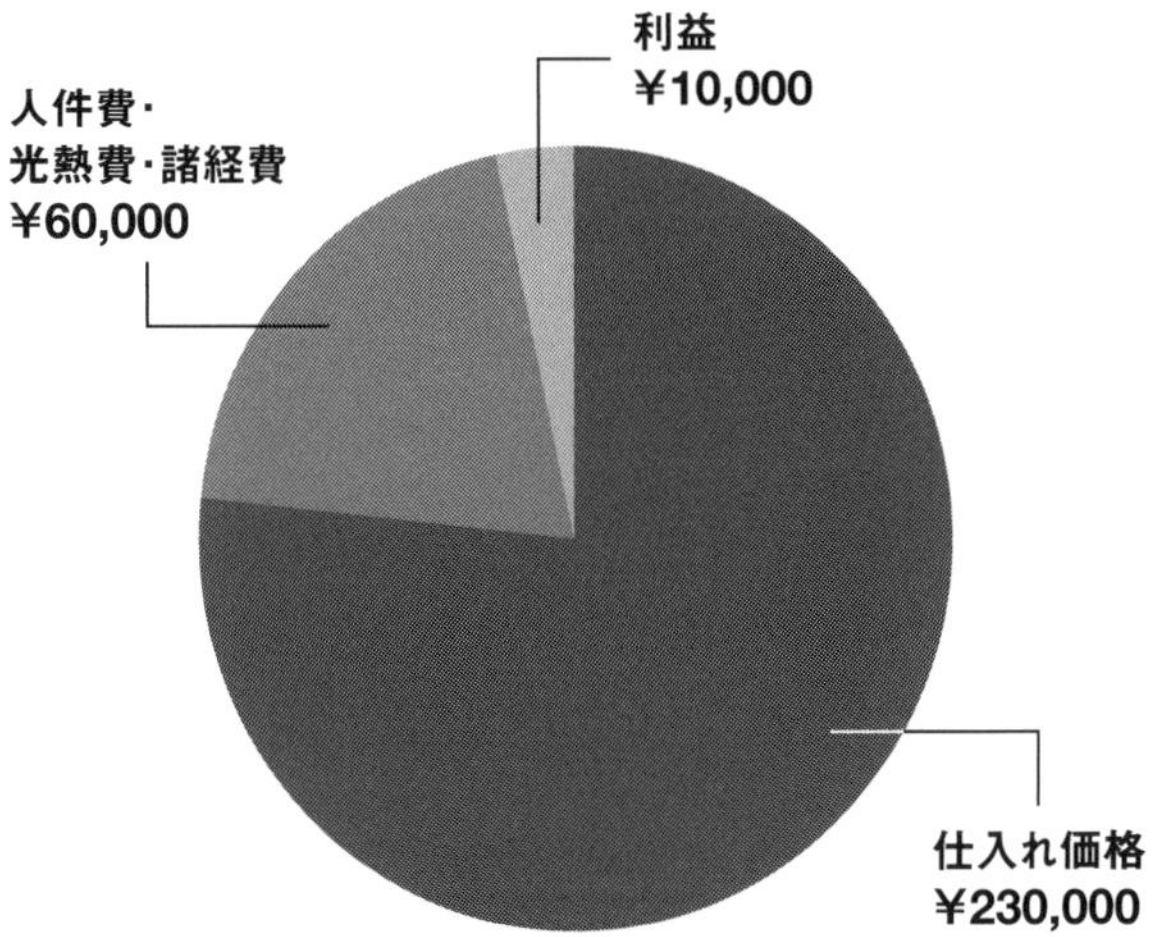


▼

**高級テレビ一台の利益は約1万円**

量販店同士の安売り合戦のために、薄利状態が続いている

### 利益向上のためのテクニック

- 仕入れ先への強い交渉により仕入れ価格を低減する
- まとめ買いによって仕入れ価格を低減する
- 仕入れ先から販売協力を得る
- 仕入れ先から販促協賛金を得る

が大きい企業を見てみます）。

ヤマダ電機の２００７年３月期決算の営業利益率は３・６７％でした。

これに30万円を掛け合わせると、１万１０１９円です。

コジマは、マイナス１・１１％でした。これは、30万円のテレビを売るたびに、約３３３３円ずつ損をすることになります。

ビックカメラは２００７年８月期が２・９８％で、約８９３１円です。

どうやら、家電量販店の店員と交渉するときによく出てくる「これがギリギリですよ」という逃げ口上はあながち嘘ではない気がしてきます。家電量販店は競争が激化し、ポイント制度や値下げに次ぐ値下げで、各社ともしのぎを削っています。

## 大量仕入れと闇ルート

では、家電量販店はどのようにして、お客からお金を取れない状況で利益を増やそうとしているのでしょうか？　ポイントは仕入れに関わることで二つあります。

一つめ。当然のことながら、他の量販店よりも安く仕入れることに注力しています。早い話が、仕入れ先に値下げさせるのです。その交渉はかなりすさまじい。仕入れ先が量販店の交渉室に入ると、恐《こわ》い人相の仕入れ担当者たちから囲まれます。そうして、矢継ぎ早のコメントが飛んできます。

「年末商戦に向けて、この金額で納入しろ。でなきゃ、ウチが他社（の量販店）に負けて売れねえんだ」

「オタクの位置づけわかっているのかよ。安くしなきゃ、おまえんところの商品なんて店頭に置けねえだろ」

そして最後には

「オタクが隣の×××にはいくらで納入しているの知っているんだぞ！（もちろん嘘）」

と机を叩いて交渉終わり。

私は量販店での交渉の話を聞かされるたびに、「量販店向け営業担当者にならずによかった」と思います。最近では、そんな種類の人も少なくなったようですが、それでも1円を争い仕入れ担当者たちが「熱くなる」ところは変わりなさそうです。

また、「大量に仕入れることで単価を安くする」という手法もあります。

10台よりも100台の方が安く買えるのは直感でも理解できるでしょう。しかし、もう一工夫あります。それは、500台しか売れないとわかっていても、値引きしてくれるなら1000台仕入れるのです。例えば、500台ならば20万円のテレビも、1000台なら18万円になるというときには1000台買ってしまいます。

もちろん、500台以上は売れるはずもありませんから、その残りは19万円の値で闇ルートに流してしまいます。これならば、諸経費をかけても損はしないし、自店で販売用の500台は安く仕入れることができるわけです。闇ルートに流されたテレビは、まわりまわってどこかの小売店に流れつきます。仕入れ先の営業担当者も、売れる台数や売上額というノルマを気にしていますから、その意味では仕入れ先・量販店・闇業者の三者すべてが得をする仕組みだといえなくもありません。

## 報奨金で利益はプラスに

二つめは、仕入れ先から値引き以外の便宜供与を受けることです。

例えば、仕入れ先から「ヘルパー」と呼ばれる販売援助員たちを大量に連れてきます。この制度は、買い手企業側の立場を利用した行為ではないかと批判もされているのですが、そのようにして販売フロアで商品の説明から商品移動の「お手伝い」にいたるまでさせているわけです。これによって、もちろん量販店側は人件費等（社員への商品教育費含む）を低減させることができます。

そして、これがより重要なことなのですが、仕入れ先から「販促協賛金」というものをもらいます。早い話が、仕入れ先からのリベートです。商品を値引きしてしまうと、仕入れ先としてもむやみやたらに市場価格を押し下げることになるので、買い手企業に別途支払います。

この業界では常識なのですが、「買ってくれた人にお金をあげる」とは不思議なことです。しかも、その額は赤字の量販店を黒字にさせてしまうほどのものなのです。

家電量販店を営む企業の決算書を見ると、営業利益（本業の儲けを示す指標）は赤字かあるいは相当低いにもかかわらず、経常利益（営業外収益を含む企業の採算性を示す指標）は黒字に転換しています。これは、この「販促協賛金」が効いているわけです。

例えば、コジマは2007年3月期の決算では、営業利益が55億円のマイナスだったにもかかわらず、110億円ほどの販促協賛金があり、結果としては43億円のプラスに転じています。

コジマを例にとったのはわかりやすい例だったからです。この傾向はどこの量販店にもあてはまります。むしろ、この「販促協賛金」を前倒しして値引きというかたちでお客へ提供しているのです。そうすると、なおさらのこと量販店の努力には頭が下がります（「販促協賛金」を払っている仕入れ先にはもっと頭が下がります）。

ちなみに、液晶テレビは液晶パネルと内蔵されるドライバＩＣさえあれば、製造することが比較的容易な商品です。実際、海外のベンチャー企業などが参入することも多くなってきました。そうなれば、日系メーカーも安さだけを勝負の切り札とすることはできず、技術力・品質・付加価値を争うことになるでしょう。

そうしたときに、消費者は何を選ぶのか？　そして、量販店はどのように動いていくのか？　そういったことを買い物のときに考えてみるのも面白いでしょう。

# コーヒー一杯は20円

## かつては儲かる商売だった⁉

まず覚えておいてほしいのは、コーヒー一杯には10グラムの豆が使われるということです（ちなみにインスタントであれば2グラムほど）。

喫茶店は個人経営と、大手チェーン店では、豆の仕入れ価格が違います。個人経営であれば、焙煎《ばいせん》業者から仕入れることになり、その場合キロあたり2500円ほどです。単純計算で、コーヒー一杯の豆代は25円になります。

これに対して、大手チェーン店は世界のコーヒー農園と直接契約しているため、キロあたりの豆単価は300～500円まで下がります（豆のランクによりますので、この幅が生じます）。焙煎も自社でやってしまえば、これまた単純計算で、コーヒー一杯の豆の仕入れ代は3～5円ということです。

豆代が3～5円程度なのに、有名チェーン店での販売価格は180円ほど。ものすごく利益率が高い商売ではないかと驚かれた人もいるのではないでしょうか？　たしかに、以前から「カフェは儲かる商売だ」と言われていました。

しかし、残りがまるまる儲けになるわけではありません。砂糖とミルクが付加されます。それに、大手チェーン店では、手拭き紙も用意しています。これで、原価がすぐに10円ほど上昇します。それに、忘れてはいけないのが紙コップ類。これでさらに15円ほどが加算されます。

コーヒーを作るためには、さきほど述べた自社での焙煎代、水道・ガス・電気が必要です。さらに、調理補助のフィルタ等の消耗品があり、原価は70円ほどになってしまいます。

材料原価も大事ですが、忘れてはいけないのが場所代です。

窮屈なところで、さらに郊外にぽつんと建っている店には誰も入りません。街中か人の集まるところに出店せねばならず、その結果として家賃がかなり高くなってしまいます。

また、喫茶店の敷地面積は、牛丼屋の倍ほどとしましょう。

牛丼屋で仮定した家賃（30万円／月）の単純に倍とすれば、60万円／月。

一日に500人（10時間営業で50人／時間）が来店するとしても、
60万円÷（500人×31日）≒38円
が一人の客あたり単価として反映されます。

そして、人件費。
セルフサービスの大手チェーン店としても、人数は最低３名いるとします。これまた、牛丼屋での計算を真似てみますと、
９００円×３名×10時間×31日＝83万７０００円
が月あたりの人件費です。
これを前記の客数で割ってみますと、
83万７０００円÷（５００人×31日）＝54円
となります。
これまで計算したものを合算するといくらになるでしょうか？
製造原価＋家賃＋人件費＝70円＋38円＋54円＝１６２円
となります。
ということは、１８０円の販売単価から引くと18円ほどが儲けとして残ることがわかります。結局、儲けは20円弱にまで縮小してしまいました。

## スタバが支払うロイヤリティー

ここで、コーヒーチェーンとして一定の地位を確保したと思われる最大手のスターバックスの決算書と比較してみましょう。

スターバックスコーヒージャパンの2007年3月期決算での売上高は789億900万円で、そのうちの売上原価は226億円ほどで28・7%でした。ただ、最終的な営業利益は50億円ほどで、6・4%となっています。

スターバックスでは180円のコーヒーを販売していませんが、単純にあてはめると、その一杯の儲けは

180円×6・4%≒11・5円

となります。私の試算よりも、もっと少なそうです。

ただ、ここはスターバックスの事情があります。それは、スターバックスコーヒージャパンは売上げに応じてロイヤリティーを親会社に支払っているということです。これも損益計算書上に明記してあり、約5・5%の金額が発生しています。

この分を単純に加算してやると

180円×(6・4%+5・5%)≒21・4円

■ コーヒー180円の内訳

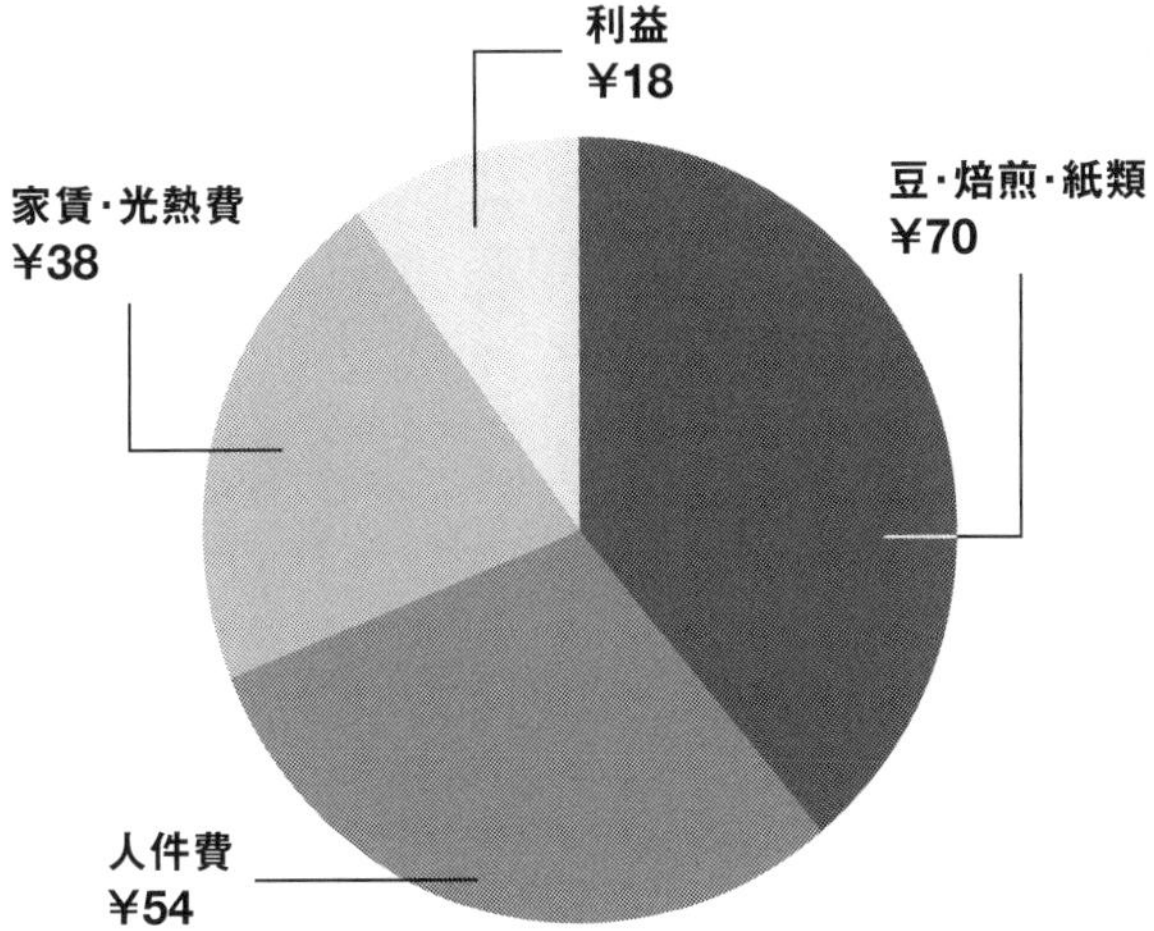


▼

**コーヒー一杯の利益は約18円**

豆代（3〜5円）に付加される費用が大半。また、利益のなかから、ロイヤリティーを支払う場合もある

**利益向上のためのテクニック**

- 紙コップからコーヒーカップへ切り替える
- 販売にかける手間を減らす
- 椅子の硬さを調整し、客の回転率を上げる
- 客に他の商品を「ついで」買いさせる
- シロップやスティックシュガーを使いまわす

という結果が導かれます。ロイヤリティーを抜いた儲けは、やはりこのあたりではないでしょうか。

ただ、逆にいえば、このロイヤリティーはなかなか曲者《くせもの》です。コーヒーチェーンで上場している企業があまり多くありませんから、公示情報から読み取ることはできませんが、少なからぬ費用が計上されているようです。

## コーヒー以外の拡販努力

このような現状に店側はどのような工夫をしているのでしょうか？

私は紙コップを使用する前提にしていますが、もちろん通常のコーヒーカップを使用するチェーン店もあります。これは、もちろん店の雰囲気作りの違いもありますが、紙コップとゴミ処理費用を合計した金額と、コーヒーカップを洗う金額（もちろん人件費含む）を比較して、後者が優れていると判断された結果です。あるいは、それぞれの店での実績を元に、前者を後者へ、後者を前者へスイッチさせることもあります。

また、家賃や人件費を一杯あたりに計算するときに、重要になってくるのが来客数であることがおわかりになったと思います。思い出してみるに、せっかく喫茶店に入ろうと思ったのに、満席で店を後にした記憶をお持ちの方もおられるでしょう。

客を逃がす機会損失をできるだけ減らすために、店側も改善を重ねています。まずは、オーダーをマニュアル化し、一人あたりのレジ秒数を短くする。これによって、客の列をできるだけ長くさせません。そして、客の回転率を上げた方がよいわけですから、駅中にあるような喫茶店では椅子を硬くし、客が知らず知らずのうちに早く席を立ちたくなるような工夫をしています。

逆に、リラックスできる空間としてのイメージをアピールする店であれば、客単価を向上させようとするでしょう。コーヒーを飲ませるだけではなく、「ついでに」ケーキを注文させる。あるいは、サンドイッチを注文させる。または、それぞれのチェーンブランドとして絵本やCD、マグカップを買わせる。あるいは、客が自宅でも楽しめるようにコーヒー豆を買わせる、などの拡販に努めています。

個人経営の店も同様ですが、こちらはもっとセコいことをやる店もあるのだとか。店員の数を絞るのは当然として、シロップやスティックシュガーの使いまわし、アイスコーヒーの氷の量を多くしたり、豆の質を落としてみたり。

ちなみに、原価よりも人件費と家賃（場所代）が重くのしかかるこの喫茶業のなかで、その人件費と家賃をあえて大幅にアップさせているメイド喫茶というところはいったいどうなのか。ブームの真っ只中ならばまだ客単価は高く儲かるかもしれません。ただ、ブームが去り、客数が減り、客単価も減少すれば、売上減以上にメイド人件費が重くのしかかってくることに気づくでしょう。

# 自動車一台は10万円

## 国産新車で苦戦中

経理部門や仕入れ部門に配属されると、まず覚えなければいけないのは金額の「,(カンマ)」の読み方です。大学で高尚な経済学や経営学を学んだ学生も、「¥10,000,000-」という表記からとっさに「1000万円」と読める人はほとんどいません。「¥1,000,000,000-」であれば、ゼロがいくつあるか一つずつ数えていって、「10億円か」と驚くまでに絶望的なタイムラグがあります。仕事をするうえで、そういう悠長なことはしていられないので、「,(カンマ)」の位置によって金額を瞬時に読み取る訓練をするわけです。

私が社会人1年目のとき。社会人ならば車でも買っておくべきか、と考えて外車ディーラーに行きました。私が友人と「１３０万円かあ」と感想を漏らしたところ、横から店員がやってきて「１３００万円です」と冷静なツッコミを入れたのを昨日のことのように思い出します。もちろん、それからその店員が話しかけてくれることもありませんでしたが、買うレベルの所得層ではないと正しい評価を下したのでしょう。

一方、国産車メーカーからはそのような「正直な」態度をとられることもありませんでした。しかし、そういう素晴らしい国産メーカーも現在の国内新車不況には苦戦しています。決算報告を見てみれば、堅調ではあるものの、そのほとんどの利益源は海外。国内は縮小し、赤字になっているところすらあると聞きます。

## 国内市場で儲けが出ない

まず、現在は高級車が売れない時代です。軽自動車やコンパクトカーが売れ筋の主流となっています。販売価格は１００万円としましょう。

そうすると、そのうち60万円ほどが外部からの仕入れ原価。20万円が自動車メーカーの開発費や組立ての人件費（間接費含む）となっています。残りの20万円を、自動車メーカーと販売会社が分けるような構造です。

便宜的に、10万円を自動車メーカーの儲け、10万円を販売会社の儲け、とします。一台を販売して、10万円も儲かるのであればよい商売のように思えます。それに、家電製品などは発売翌年に大幅に値段が下がりはじめますが、自動車が発売翌年に半額になったなどという話は聞いたことがありません。そもそも自動車を作り、公道を走らせる認可をもらえる、という技術力は簡単には手に入らないので、なかなか国内では既存メーカー以外に競争相手は出てきそうにもありません。

## 自動車メーカーが儲からない三つの理由

しかし、前述したように国内の市場はまったく儲からない。これはどういうことか。これは三つの側面からそれぞれ説明できます。

一つめは、**外部の仕入れ原価の上昇**。

車は鉄のかたまりといってもよいものです。一台につき1トン以上の鉄を使います（よく、「車の鉄部品の総量を量ったら1トンだったので、原価はいくらくらいのはずだ」という説明をする人がいますが、正確には正しくありません。鉄部品には歩留まりがあり、つまり商品の形状を作るために、カットして捨ててしまうところがあるので、おおよそ総重量の1・3倍くらいが使用されていると想像されます）。

その業界において、鉄鋼メーカーの統合が進みました。巨大鉄鋼メーカーが続々と登場し、発言力が向上。しかも、中国からの需要増が重なり供給が追いつかない状況が続きました。結果、鉄の価格が上昇。これにより仕入れ原価はアップしました。

二つめは、**新車の乱発**です。

車が売れない、だから新しい車を次々に投入する。また売れない、だから少し変更した車を投入する。新車を出せば、それなりに消費者を引き止めることができるため、新車開発を止めることができません。

これまた、こういう話をするときに「400万台クラブ」というワードで説明する人がいます。開発するのであれば、大量生産するほど、一台あたりの費用が減っていく。だから、一つの目安として400万台以上生産しているメーカーが強いのだ、それに至らないところは合併するしかない、というわけです。

ただ、合併したところに聞いてみると、どうも信じられない。開発統合といっても、合併したところの開発人員が半分になっているわけじゃなさそうだし。合同開発チームといっても、どうやらお互いのお山の大将がそれぞれの立場に固執しているようだし。それに、車のテストはそれぞれやらなければいけないし。
もちろん研究統合が進むことはあるでしょう。ただ、新車の乱立によって困るのは、設備と金型の償却が圧倒的に不利になるということなのです。
設備とは自動車を作るための機械類や装置。また、金型とは車の形をつくるときに、一枚の鉄板を押し付けて曲げたり、プラスチックを射出したりして成形する金属の型のことです。
それが一モデルまとめて50億円ほどかかったとしましょう。
そうすると、通算100万台売れてくれるなら、一台あたり
50億円÷100万台＝5000円
しかかかりません。
ただ、現在のような新車乱立だと、せいぜい通算20万台だとします。すると、これも簡単な計算で
50億円÷20万台＝2万5000円
と大幅にアップします。

## 自動車100万円の内訳

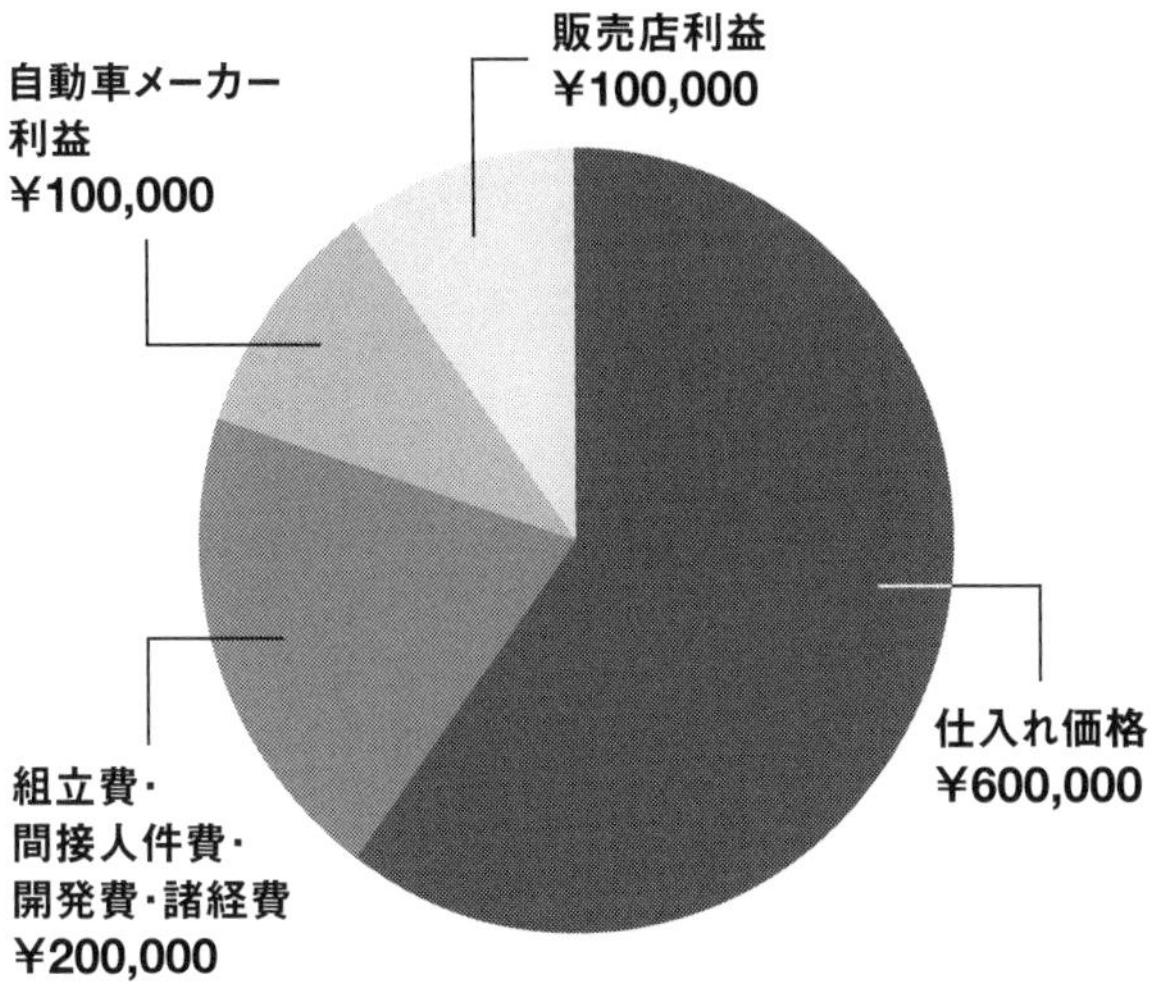


**自動車一台の利益は約10万円**

国内市場が成熟期のため、販売台数が伸び悩み。利益から値引きを捻出

### 利益向上のためのテクニック

- 自動車メーカーからもらえる販売報奨金分を利用して値下げする
- 値引きの代わりに、下取り価格を上げる
- 新車販売時にはオプション品をセット販売する

結果、10万円の儲けをモデルとしていた計算が8万円の儲けに減ってしまうわけです。

三つめは、**新車販売時の値引き**。

私があしらわれたような高級外車の購入を考えている人であれば別でしょうが、おそらく軽自動車、コンパクトカーを買おうとする人は値引きせずには買わないでしょう。

多くの場合は、「他はもっと安かった」とか「予算がない」とかいいながら、少しでも安く買おうとしますよね。でも、ここで思い出してほしいのは、販売店には10万円しか儲けがないということ。5万円下げるということは、彼らからすれば50％の利益を削るということと同義なのです。

しかも、多くの販売店では、一日あたりせいぜい1台くらいしか売れません。10名ほどのスタッフがいるとしたら、分配すると一日1万円くらいです。儲けが5万円になれば、一日5000円にしかなりません。

販売店は、自動車メーカーからもらえる販売報奨金分を値下げしたり、値引きの代わりに下取り価格を上げたり、オプションを客に勧めてそこでなんとか利益を上げようとしたり、涙ぐましい努力を続けています。

日本の自動車メーカーがせめて救われているところは、この国では客と営業担当者のつながりが非常に深く、人間関係が一度できてしまうとなかなかそのメーカーから客が離れていかないことでしょう。客がみな、パソコンとにらめっこして、インターネット上の価格だけで車を決定しようとすれば、利益がもっと減っていくことは必須です。

若者が自動車に夢を見なくなった、といわれます。スポーツカーに乗って彼女を迎えにいき、テニスをする……という目標を持っている大学生が今どれだけいるのか。

ただ、その夢の縮小とは逆に日本の自動車メーカーは海外での販売拡大を続けています。日本国内で、自動車産業に少しでも携わる労働者の数は莫大です。

よく、自動車メーカーの下請けイジメの構造が報じられますが、関係者に聞いた範囲では私は違う印象を持っています。それは、自動車メーカーですら、販売店ですら、儲かっていない、ということです。国内はジリ貧。ただ、海外はまだ自動車保有率が低いところもあり、かつ円安もあり好調のように見えるだけなのです。

このまま海外での拡大を続けていけるのか。あるいは、国内市場で再度夢を創出することができるか。日本製造業の代表格として、業界を牽引せざるをえない宿命を背負った自動車メーカー各社の動向からは目が離せません。

## 誰も気にしていない個別の利益率

ここまでさまざまな商品の薄利ともいえる利益率を見てきました。2万円で買ってきたものを3万円で売れば、差額の1万円が利益ではないのです。

2万円の商品を販売するときには、さまざまな費用がかかります。人件費から始まって、光熱費や家賃、在庫費用。こういうものを一つ一つ差し引いて、残ったものがやっと利益と呼べるものなのです。

「脱サラするのであれば、焼鳥屋を始めるのがよい」と言われるそうです。これは、「一本の材料費は20円くらいだから、それを150円で販売すれば、儲かってしかたがない」という理屈に立脚しています。サラリーマンという営利団体に長く勤めていた人ですら、この言葉に騙されているようです。

本書をここまで読んだ人であれば、調理にかかる費用がまったく考慮されておらず、雇うであろうバイト代も、その他の料理の原価率や、食材という在庫リスクも計算されていないということがわかるでしょう。

営利団体ではありませんが、各都道府県に水道局があります。多くの水道局では、各家庭に2ヶ月に一度だけ検針を実施し、2ヶ月分をまとめて請求していますよね。これは、検針員の人件費や交通費等を考えると、一家庭あたり100円以上の費用がかかってしまうため、といわれています。独身者であれば、1ヶ月あたり千数百円くらいの水道代で済んでしまいますから、それに100円以上ものコストはとてもかけていられないわけです。

また、原価の話になると必ず出てくるのが口紅です。

口紅の製造原価はなんと10％以下だといわれています。5000円の口紅があったとしたら、500円くらいでできている計算です。ただし、口紅というものを売るためには、「これを使えば美しくなれる」という幻想を女性に抱かせねばなりません。そのためには、各社は豪華な箱を作ったり、宣伝に力を入れたり、さらには販売員を送り込んで、百貨店の通りすがりの客には無料でテストしてもらう。ここまでやる必要があるので、高収益企業でも全体の7％ほどしか残りません。製造原価そのままで売ってしまえば、差額は4500円になりますが、結局は350円ほどの儲けになってしまいます。少しでも計算が狂ってしまえば、最後に残るのは1％ほどという決算を迎える企業も珍しくありません。

商売の基本とは、「安く仕入れたものを、できるだけ高く売る」ということに間違いはない。ですが、それを実行する際には冷徹な計算が求められるわけです。

では、儲かっている店に「あなたの焼鳥一本の本当の利益を知っていますか？」と訊《き》いたら答えられるでしょうか？　おそらく答えられないでしょう。それはどういうことでしょうか。ここで交通整理が必要なようです。

**利益の分類**

利益とは、さまざまな断面で表現できます。

**●販売価格から仕入れ原価・製造原価を引いたのが、「粗利」**
**●粗利から、販売に関わる費用を差し引いたのが、「営業利益」**
**●営業利益から、営業外の費用を差し引いたのが、「経常利益」**

本来は、管理会計と財務会計の違いや減価償却などを説明する必要がありますが、まずはこの分類で十分でしょう。

単純に仕入れ価格と販売価格しか見ていないことに、脱サラおやじの失敗がありました。しかし、手元に残る経常利益に至るまでの費用を考慮しないと本当の「儲け」はわかりません。

そして、これが重要なことなのですが、普通の企業や店は、「全体の」営業・経常利益しか把握していないのです。その営業・経常利益がどの商品から生み出されたのか、あるいはその営業・経常利益を商品一点あたりどの程度生み出しているのかを認識しているところは非常に少ない。どんぶりで計算して、最後に金が残ったら○、残らなかったら×、という判断なわけです。

これに対して、私が商品個別の利益を計算するやり方を、「原価計算」といいます。原価計算とは、それぞれにかかると予想される費用を細分化して、個別の採算性を見るやり方です。

私は決算書の結果を個別に当てはめて、各商品の利益を確認するという方法をとりました。当然、すべての商品の儲けの率は一定ではないので、決算書というトータルの数字がそのままあてはまるかというと、そうではありません。ただし、傾向は見て取れます。

これまでであれば、全体を通して儲かっていれば、赤字の商品があっても目をつぶっていられたかもしれませんが、これからは商品ごとの細かい管理が必要とされています。

## 手間と時間まで管理する居酒屋チェーン

先進的な取り組みをしている居酒屋チェーンの例を挙げましょう。

居酒屋は、料理では儲からず、チューハイなどのアルコール類で儲かっているといわれています。

ただし、それは本当か？

その「儲かる」といったときの儲けとは、前述でいうところの粗利を見ているにすぎません。その居酒屋チェーンでは、個別の原価計算を実施しました。その料理・飲み物のオーダーを受けて、客に持っていくまでにどれくらいの手間と時間とロスが生じているのか。

ビールであれば、

注文を受けて（30秒）↓グラスを手に取り（15秒）↓ビール・サーバのハンドルを引きグラスをいっぱいにし（15秒）↓配膳完了（30秒）

ここまでに90秒。

しかし、チューハイであれば、注文を受けてから、グラスを手に取りチューハイ・サーバのハンドルを引きグラスをいっぱいにした後に、香味料と着色料を入れてかき混ぜる（＋15秒）という追加作業も必要になります。

その後に、配膳完了までに１０５秒。さらに、チューハイグラスの方がビールグラスよりも洗いにくい（＋10秒）などの付加作業がないかを確認し、それぞれのコストを計算して、真の原価を計算していくと、「儲かっている」と思っていた商品が意外にも利益を生み出していないことに気づかされることがあります。

このように商品を各プロセスに分解して、それぞれのコストを積み上げて各商品の原価・利益率を見ることを「ＡＢＣ分析（Activity-Based Costing）」と呼びます。

この居酒屋チェーンは、各商品の作業を徹底的に細分化して、食材の仕入れから、アルバイトの調理、片付けまでのコストをばっちり計測しているわけです。アルバイトの働きぶりを秒単位で管理しているとは、感じのよいものではありませんが、そうやってどの商品が本当に儲かっているのかを把握しています。

そして、それは現状の原価率を知るということにとどまらないのです。

例えば、チューハイグラスを手に取る秒数が長ければ、陳列を変えてはどうか。あるいは、ビールと同じグラスを使って時間を削減できないか。チューハイの調合に時間がかかっているのであれば、多少仕入れ単価が高くても、最初から味を調合してある樽を使用したほうがよいのではないか。仕入れ先の一日の納入時間を変えてもらったほうがよいのではないか。もっと調理しやすい材料を販売している仕入れ先はないか。などということを考え、検証し、効果を測定しているわけです。

こういうことまで考えているチェーン店と、何も考えず最後の結果だけ見ているおやじの店が同じ利益率のはずがありません。こうやって、仕入れ・製造に関心をはらっているところとどんどん差が開いていきます。

## 誰も気にしていない仕入れと利益の関係

普通の生活をしている主婦が企業の営業担当者に出会うことはあっても、仕入れ担当者に出会うことはまずありません。一般家庭に百科事典や布団の売り込みはあっても、突然仕入れ担当者が「何か買わせてくれ」とお邪魔することはないからです。

加えて、仕入れるという行為、「何かを買う」という行為があまりに一般的すぎたため、この仕入れという分野が注目されることはありませんでした。したがって、最初に説明したように、仕入れ価格を下げれば、販売量を上げなくても十分利益が創出できるという簡単なことにすら気づかれなかったのです。

「仕入れ」とは、その名の通り自社の商品・製品を製造・販売するために外部からモノを買ってくることです。担当者は、仕入れ先を探したり、価格を交渉したり、注文書を書いて発行し、お金を支払ったりという、一連の業務を行ないます。また、仕入れ先に対して、買ったモノに対する（お客の）評判はどうだったかをフィードバックしてあげることによって、仕入れ先に継続した改善をお願いしていくことも重要な業務です。この仕事に携わる人は、バイヤー、マーチャンダイザー、仕入れ担当者、調達者、購買者、などという名称で呼ばれています。

## V字回復を支えた仕入れ

その「仕入れ」の重要性に気づいた一部の企業が、どのようなことを考えているのかをご紹介しましょう。

まず、仕入れを担当する部門にたくさんの人を投入しはじめました。海外では、「営業担当者募集」という張り紙よりも「仕入れ担当者募集」の方が人の集まりがよいそうですが、遅ればせながら日本でも、優秀な新入社員をまず仕入れ部門に投入するところが多くなってきました。転職サイトをネットサーフィンしてみると、数年前までは探すことすら難しかった「バイヤー」職にたくさんの求人が並んでいます。

次に、仕入れ部門の社内地位の向上です。日産のゴーンCEOは著作のなかで、購買部門（日産における仕入れ部門）のメンバーは出世できず、設計部門よりも格下だと思われていた、だからまず彼らの社内地位を上げた、ということを書いています。ゴーンCEOが成し遂げたV字回復は、「利益は元にあり」という言葉を実践したようなものでした。ゴーンCEO改革の最大の成果は、このように仕入れ部門を再評価したことではないか、とさえ思えます。

あるコンサルタントの話だと、企業に新社長が就任したときに、「これまではマーケティング・セールスの状況を確認することが多かった」そうですが、今では「まず仕入れ費用が正常か、不正な取引が行なわれていないかを確認することが多くなった」そうです。

このような仕入れ意識の高い企業は、どのようなメリットを享受しているかというと、もちろん単純には、繰り返し説明してきた仕入れ・製造原価の削減による利益の拡大が挙げられます。

### 仕入れで企業スタンスをアピール

しかし、より先進的な企業は、この仕入れ部門に戦略的な位置づけをし、それ以上の効果を狙おうとしています。

　進んだアメリカ企業の決算書報告では、記者会見の席上で「コスト低減の取り組みで1億ドルを創出」などと報告しています。これは、「自分たちの企業は、ただただ商品を販売しているんじゃないですよ。ちゃんと毎年提供している商品を安くしているんですよ。ずっと進化し続けることのできる優秀な企業体なんですよ」ということをアピールすることによって、株価を上げることを狙っているわけです。

　実際、ある調査では、仕入れに注力し、仕入れ専門役員等を設置している企業の株価の上昇カーブの方が、その他企業の株価の上昇カーブよりも勝っているとのことです。もちろん、株価は原価比率だけで決定されるわけではありませんし、そのときどきの景気に大きく影響されますから、これが相関を持っていると断定はできません。ただし、仕入れを外部へのアピールポイントとして有効活用しているということはいえます。

　加えて、全世界規模で環境保護に注目が集まっているなか、この「外部へのアピールポイント」として仕入れはより大きな意味を持っています。

　環境対応のトピックスを二つ挙げると、$CO_2$の削減と、有害物質の使用削減です。仕入れ基準として、この二つを積極的に取り組んでいる仕入れ先とのみ付き合うことにしたらどうなるでしょうか？

当然ながら、仕入れ先は買ってもらえなくなると困るので、買い手企業のその基準を遵守しようと努めるはずです。買い手企業が自社の製造工程・輸送・販売の過程において$CO_2$や有害物質を削減することは当然として、外部から仕入れたものも環境に優しいのであれば、「エコロジー企業」の名誉を勝ち取ることができます。

## 利益を伸ばす起爆剤

また、環境保護という意味のクリーンと、不正をしないという意味のクリーンもあります。

官の公共事業が談合で決定されている、官は腐っている、というときに、民も同様に腐っているという事実に目を向ける人はなかなかいません。仕入れ先として決定する代わりに仕入れ担当者が見返り金を受け取ることがほぼ恒常化している業界もあります。

仕入れ担当者が呑みに行った請求書をすべて仕入れ先に送付する企業。大型の案件を受注するために、仕入れ先は買い手企業の上層部を接待でじゃぶじゃぶにする企業。金銭譲渡が経理上まずくなれば、商品券を渡したり、出張交通費の肩代わりという名目で、旅行チケットを渡したり。

民間であれば、少なくとも税金を無駄遣いしているわけではないのでしょうが、大きな声でいえることではありません。

そこで、仕入れ部門のなかには、そういう不正を絶対にしないと外部に訴えかけるところがあります。金銭授受に限りません。仕入れ先に失礼な言動をしていないか、社会人としての礼儀を守っているか。もしそういうことがあったら苦情をいつでも受け付ける、と自らを評価に晒《さら》すわけです。

エコロジー企業というイメージ、そして公正公平な企業というイメージ。そして、それらがまわりまわって企業の売上げを伸ばし、利益を上げ、優秀な人材が集まり、それによって仕入れ部門が強くなり、さらにそれが……というスパイラルアップを狙っているわけです。

正直にいえば、私には「環境に優しい」という発言自体がどうも偽善的に聞こえますし、そのつながりで声高に叫ばれている「リサイクル活動」というのにも胡散《うさん》臭さを感じています。廃棄物を集めてきても、ペットボトル等をリサイクルしようと思ったら、通常の倍くらいのエネルギーを使うからです（なお、ある方は「リサイクル補助金がもらえるから止められない」と笑っておられました)。

それに、「仕入れ先との対等な取引」を喧伝しているような有名企業の仕入れ担当者が、ガムを噛みながら仕入れ先を脅していた商談場面を見たことがあります。だから、そんなことをあえて言う企業は、逆に怪しいとすら私は思っているくらいです。

商品の裏側に隠された買い手と売り手の攻防は、次章以降も説明していきましょう。

ただ、仮にそういうことがお題目であっても、自社利益のために使えるものは使ったほうがよいことは事実です。企業が外部と触れ合うのは、販売時と仕入れ時であり、その仕入れという側面を通じてもよいイメージを社会に訴えかけているのです。

今では、パソコンを開けば、洪水のようにセールスメールが飛び込んできます。テレビをつけても、うるさいＣＭばかり。モノが売れなくなり、買いたいものも特にないこの時代。

良くも悪くも、これから利益を伸ばす起爆剤は仕入れなのです。

# 第2章

# 利益を生む「工夫」と「不正」の微妙な境界

## 工夫と不正の分かれ道はどこ？

前章では、いくつかの商品を例にとりながら、利益率とそれを少しでも向上させるための「仕入れの工夫」と「仕入れた商品の使用方法の工夫」を見てきました。ただ、そのなかには「工夫」というキレイな言葉で表現してはいけない行為も散見されることに気づいたでしょう。

**●お客に安くよいモノを提供するために努力していること**
**●自分たちの利益を上げるためにやっている不正・脱法ギリギリのこと**

どうやらこの二つを切り離して考える必要がありそうです。

前者の例として、「まとめて仕入れたり、海外から仕入れたりして安く買う（牛丼・ブランドバッグ）」「客が気づかないところは節約する（コーヒー）」などがありました。これらは、自社努力といえるものです。

逆に、後者の例として、「調味料等で安物をごまかしたり、バッタ品を仕入れたりして客を騙す（牛丼・ブランドバッグ）」「仕入れ先を脅して安く買う（高級テレビ）」といった不正に近いものがありました。

ここからはこれらの両極端の例をお見せしましょう。

## 工夫①――誤差を利用して利益を生む

### 0・05ミリ鉄板を薄くして約4％も利益が向上

第1章で紹介してきた企業たちは、客の気づかないところで地道な改善を続けていることを紹介してきました。

仕入れ単価の改善もしかり。仕入れ商品の仕様もしかり。アルバイトが作業する秒数だってしかり。そういうことを、少しでも安くできないか、短縮できないか、ということを考えています。彼らは、ほんのささいな違いであっても、改善を積み重ねることで、結果に大きな差が出ることを知っているのです。

私は、その小さな工夫の大切さについて、とあるプレス工場の担当者との出会いをきっかけに教えられました。

日本の町工場にはプレス工場が多く存在します。加工されているのは厚さ1ミリの鉄板。プレス部品、と聞いてピンとこない人は、100円ライターを思い出してみるといいでしょう。発火スイッチを押して、炎が出てくるところ。そこには、薄い鉄板が加工された部品がついているはずです。

厚さ1ミリの鉄板と、私は言いました。

しかし、それは正確ではありません。厚さ1ミリの鉄板を作ろうとしても、どうしてもそこには誤差が生じます。例えば、1・05ミリとか、0・99ミリとか。

それはどこまで許されるのでしょうか。

もちろんそれは、完成品の要求する精密さによります。多くの鉄板の仕入れ企業は「板厚1・00ミリ±0・1ミリ」などという指定をします。この「±」というのは、公差と呼ばれるものです。

公差とは、簡単にいってしまえば製品の許容範囲のこと。すなわち、「板厚1・00ミリ±0・1ミリ」という指定があれば、「板厚1・10ミリから0・90ミリまでは、厚さにブレがあっても大丈夫ですよ」ということです。

通常、鉄板はロール状になってやってきます。その鉄板が「板厚1・10ミリから0・

90ミリ」の範囲で製品として納入されていれば、それは不良品として返却されないという意味です。

仕入れ先は、条件が板厚±0・1ミリであれば、±0・05くらいを狙います。±0・1ミリのギリギリを狙っていたのでは、ちょっとした差で不良品を多量に生産することになってしまいます。そこで、条件をより厳しくしているわけです。

ここで、仕入れ企業の一人がこんなことに気づきます。

「板厚1・00ミリ±0・1ミリという指定をしたときに、仕入れ先は万が一のことを考えて生産上1・00ミリ±0・05ミリくらいを狙ってくる。それならば、最初から厚さ0・95ミリの鉄板を注文すればよいじゃないか」と。

ここで、仕入れ企業は厚さ0・95ミリの鉄板を注文します。すると、納入される鉄板は厚さ0・95ミリ±0・05ですから、1・00ミリから0・90ミリの鉄板です。すると、これはどうでしょうか？　当初の「板厚1・00ミリ±0・1ミリ」という条件も満たしています。

しかし、見た目上は厚さ0・95ミリの鉄板を購入していますから、値段は厚さ1・00ミリの鉄板を購入するよりも5％も安くなりました。

簡単な計算をやってみましょう。

厚さ1ミリの鉄板が1キロ＝100円とします。

それを100キロ分購入するとしましょう。

そうすれば、100円／キロ×100キロ＝1万円。

この1万円で、95円／キロの鉄板を何キロ購入できるでしょうか？

1万円÷95円／キロ≒105キロです。


同じ金額で、5キロ分も余計に買えることになってしまいました。


では、販売側から見たらどうでしょうか？

1キロの鉄を加工して、客に売っている場合。

100円（鉄）＋20円（加工賃）＋10円（利益）＝130円で売価設定をしているとします。

この場合は、利益率10円÷130円≒7・69％です。

これが、工夫後は（売価を変えないとして）、

95円（鉄）＋20円（加工賃）＋15円（利益）＝130円ですから、
利益率15円÷130円≒11・53％。

あっという間に4％近くも利益率が向上しました。

もちろん、鉄板が売価に対して占める割合が多ければ多いほど、効果は大きくなっていきます。製造業で4％近くも改善できるということは、どれだけ収益に好影響を及ぼすかわかりません。それを仕入れだけでやってしまうのです。

もちろん、「0・95ミリ±0・05ミリ」という条件で発注してもよいでしょう。その場合は、公差条件を厳しくすることになりますから、若干値上がりすることになるかもしれません。ただ、このように仕入れ公差を少し工夫することで、大きな改善に結びつける思考法を身につけておいて損はないと思うのです。仕入れをはしごにして、大きな利益を生み出すことができる、ということが少しはご理解いただけたでしょうか？

## 客から認めてもらえないこだわりに価値はない

これらは、客が気づく内容ではありません。しかも、商品としての価値を減ずることでもないのです。そんなところは、できるだけ工夫を凝らして、安く仕入れることに注力すべきでしょう。よく、自社のこだわりで高い商品を仕入れ続けるところがあります。もちろん、それはそれで構いません。ただし、客から価値を認めてもらえない「こだわり」などは、儲けにほとんど影響を与えることはないのです。

たった1ミリの話であっても、公差を利用してなんとか価格を下げようとする買い手たち。優秀な企業は、こういう細かな細かな工夫を重ねることで、少しずつ利益を拡大しようと試みています。

こういうことを商品ごとに行なっている企業と、まったく行なわない企業では、差がついてくるのは当然です。しかも、その利益差は毎年累積していきます。

1ミリの鉄板は、仕入れの工夫の効果を私たちに教えてくれるのです。

# 工夫②——仕入れ先を知りつくす

## 知識があれば優位に立てる

1ミリの鉄板を買うときに、その公差を利用した仕入れができた理由は、仕入れ担当者が鉄板についての知識を持っていたからでした。鉄板の特性や常識を知らなければ、薄めの鉄板をわざと買うなどというアイディアは出てきません。

何でも一緒です。

自分が買いたい商品について知識を有していれば、「こうすればいい、ああすればいい」と価格を安くするための方法を思いつきます。

安く仕入れるために、持っておくべきことが二つあるといわれています。まずは、商品の知識。そして、仕入れ先の知識です。

仕入れ先のことを知っていなければ、商品を買おうとするときにどこに連絡をとってよいかわかりません。交渉のときに、相手の業界内での位置づけや、営業担当者の人柄、業績などということがわかっていなければ、こちらが優位に立つことはないからです。

情報は、多く持っているほど交渉でも仕入れでも優位に立つことができます。だから、仕入れ先は買い手のことを知ろうとし、買い手は仕入れ先のことを知ろうとします。

5万円という見積りを見せられたとしましょう。この5万円がいったいどのレベルにあるものなのか。それがわかっていなければ、交渉では上手くいきません。他の仕入れ先が6万円なのか、あるいは4万円なのかで対応はまったく異なってきます。

私が仕入れ担当者となったとき、最初に教えられたのは「まず、相手が見積りを出してきたら『高い』と言え」ということでした。

そう言うことで、相手を牽制し、そこから安い金額を引き出せ、というわけです。ですが、相手もバカではないので、そんなことを繰り返していれば、内心で笑われるだけのこと。

ただ、「本当は5万円くらいしかかかっていないのに、10万円で売りつけようとしているのではないか。あるいは20万円で売りつけようとしているのではないか」と、仕入れ担当者は、そういう疑念を持ちがちです。

## 過去の購入価格と比べてみる

なるべく簡単に交渉を済ませたい。しかし、高くは買いたくない。そういう矛盾する二つの条件を満たすためには、商品と相手を知るしかありません。この金額が妥当なものか、そしてその金額が市場のなかで最安値か、ということを確認するのです。

では、どうやって、「提示された価格が妥当かどうか」を知ることができるのでしょう。方法の一つとしては、これまでの購入価格と比べてみる、というものがあります。これは簡単なことですが、しっかり実行できている企業は多くありません。企業によっては、同じものなのに、１年前は１００円、最近は１３０円で買っている例があります。担当者が替わったり、気にもしていなかったりして、支出管理がザルになっているのです。これまでにどのようなものを、いくらで買ったかを記録するだけで、だいぶ変わってきます。

こういう簡単なことができていない企業では、たまに笑ってしまうようなことがあります。１５０円という価格を提示され、何度も何度も交渉して、やっと１３０円になって購入。「安く買えた」と思っていたら、以前は１００円で購入していたという履歴を見つけたそうです。営業担当者にそのことを詰め寄っても、「すみません、そうでしたね」と言われただけだとか。これは、単に履歴を知っていれば済む話です。

## 類似品の価格と比べてみる

もう一つの方法は、類似品の購入価格と比べてみる、というものです。これまた、ザルな企業では、似たようなものを100円だったり、200円だったり、300円だったりと、ばらばらな価格で購入していることがあります。これも、購入の履歴を確認することで防ぐことができるでしょう。

ただ、これをかなり極端なレベルまで行なっている企業もあります。

舞台は輸送機器メーカーの仕入れ部門です。そこは子会社や系列企業から主に仕入れているわけですが、そこの調査を徹底的にやるんです。

毎年毎年、仕入れ先の費用構造を執拗に調べます。社員は何人で、給与はいくら払っている。役員の報酬はいくら。ボーナスはどう。土地はどういうところで、維持費はいくらかかる。機械があったら、その取得費はいくらで、定期点検にどれくらいかかって、耐久年数はどれくらいか。

一つの商品を作るときに、機械を何秒使う必要があるのか。そして、その秒あたりの電気代はいくらか。同時にその機械の製造元に問い合わせたりして裏づけを取る。また、社員の医療保険費はいくらくらいか。企業年金の運用はどうか。研究開発費にどれくらい使っていて、それは妥当かどうか。

その仕入れ先にまつわることすべてについて専門チームを作って調べるわけです。この膨大なデータをもとにするので、仕入れ先の原価についてはもう議論する必要すらないのです。一つの商品の交渉は、もはや必要ありません。その商品を作るために、どれだけの費用がかかっているのか、すでに明らかなわけですから、データをひっぱってきてパソコンに入力するだけで、「販売・購入価格」のできあがりです。

だから、この企業は仕入れ先から不当に高く買わされることもありません。不毛な議論に時間を費やすこともありません。それこそ、「仕入れ先が提供可能な最低価格」で購入できています。

毎年の調査にはもちろん莫大な時間をかけているでしょう。人件費もかかっています。しかし、それ以降の時間短縮を考えると、トータルでは効率化しているはずです。

仕入れ先の営業担当者も、ここまで調べられたら反論もできません。実際に、いくつか仕入れ価格を聞いてみましたが、一般よりもはるかに安い価格でした。

専門の調査人員を置いていること、そして調査できるくらい仕入れ先に対して強い力を持っていること。これらはなかなか真似できることではありません。ただ、理屈もなく交渉して、高いのだか安いのだかわからない金額で買い続けていることとは対照的だと思うのです。

## 不当に買い叩かれた後の悲惨な内情

ちなみに、これだけ仕入れ先を理解することは、仕入れ先にとってもよい効果がもたらされます。逆に、仕入れ先のことを何も知らずに腕力だけで交渉して、低い金額で押し切ってしまうと、仕入れ先に社会的に見て不当な対応を求めてしまうことになるのです。

月末最終日に、ある仕入れ先に商談に行ったときのこと。がちゃんがちゃんという機械音が商談中鳴り響いていたことがありました。2時間ずっと、その音が会議室の隣から聞こえているのです。

「ああ、あれはタイムカードを押しているんです」と仕入れ先の営業担当者は悲哀に満ちた顔で教えてくれました。

ちょっと見せてもらうと、女性が束になった全社員の出勤タイムカードを一枚一枚挿入しているんです。全社員が1ヶ月間、8時半に出勤して、17時30分に退社したようになっています。

聞いてみると、大口顧客の仕入れ担当者がとんでもない人らしい。交渉のときに机を叩いたり、営業担当者の顔に水をぶっかけたりすることなど日常茶飯事。要求金額では無理だと何度伝えても、「では、その金額になるまで帰らない」と言われるだけ。やはり、どこの世界でも買い手の方が売り手よりも強い立場にあるためか、どうしても売り手は押し負けてしまうのです。

不当に買い叩かれた結果が、このタイムカードのまとめ押しだというのです。本当は5万円くらいかかっているところを、仕入れ企業からは3万円分しか支払われない。そうなると、人件費を削るしかありません。設備などの固定費をすぐに下げることはできません。安くできるところは人件費くらいなのです。

もちろん、仕入れの目的は「安く買う」ことです。ですから、相手の首を絞めてでも安くすればよいという考え方はありえます。第1章で紹介した、家電量販店の例も思い出されるかもしれません。相手の襟をつかんで啖呵を切ってまで、相手から搾り取るということを繰り返してもよいでしょう。

しかし、毎回そんなことはしていられません。仕入れ企業が交渉をするにも人件費というコストがかかるからです。また、社会的な非難（ひどすぎるときには非難ではなく、逮捕）から逃れることはできません。無理に交渉するだけが安くする方法ではありません。仕入れ先のことを知りつくせば、効率的に、そして確実に安く買うことができるのです。

ただ、より重要なことがあります。

この仕入れ企業の問題は、仕入れ部門を外部へのアピールポイントとして使えていないことです。

誰が、脅して仕入れている企業の商品を自ら進んで買おうとするでしょうか？　その脅された営業担当者が？　その家族が？　その友人たちが？　その噂を聞きつけた消費者たちは、その仕入れ先企業の商品を敬遠していくでしょう。

相手のことを知り、商品のことを知り、さらに安く、公平に買う。こんなことを優良企業は考えているのです。

## 工夫③——仕入れルートを変えてみる

**中間業者を抜く**

相手を徹底的に知ることは戦術の基本です。その基本にしたがって、仕入れ商品と仕入れ先についてどれほど知っているかで、仕入れという行為が変わってくるという話をしました。

ただ、もう一つ考慮すべきことがあります。その仕入れ先や、他の仕入れ先にとっては、ある価格が最安値で妥当な金額だったとしても、仕入れルート自体を変えてみることです。早い話が、中間業者を「抜く」ことができないかやってみることです。

外国の仕入れ担当者と話して、驚かれるのは日本の中間流通業者の多さです。「この半導体をここ（とある商社）から購入している」と言うと、「なぜ直接メーカーから仕入れないのだ」と訝《いぶか》しい顔をされます。「いやあ、慣例上そうなっているんだよ」と言ってもなかなか納得してくれません。

「実は、そこも直接メーカーと取引しているわけではなく、さらに次の卸がいて、その卸の先には次の卸がいて」などと説明しようものならば、「理解できない」と私の仕入れ担当者としての能力すら疑われそうになります。

しばしば公共事業の談合が世間を騒がせます。本来は入札で最安値を提示した業者が受注すべきです。しかし、実は受注業者は事前に決まっている。談合を取り仕切る人物がおり、事前に業者を集めて入札価格を決めておく、そして受注業者も順番に設定しておく。

すると、入札とは文字通りかたちだけの行事に成り下がり、出来レースで予定通りの業者が受注する。

したがって、本当はもっと安くできるはずなのに、公共事業では無駄金が使われている。元をたどれば、その金は国民の血税である。許せない、というわけです。

たしかに許せないことです。ただ、あえて皮肉な見方をしてみたらどうなるでしょうか？　その不当に高い金額で支払われた事業は、元請けのゼネコンから二次業者・三次業者・四次業者に割り振られます。当然、お金も（元請けがピンハネするとはいえ）流れていくわけです。下請けの工務店は、日本各地に散らばっており、労働者やその家族を含めれば、国民の多数が何かしら建築業で生計を立てています。

とすれば、国民が批判しているその構造こそが、国民の多数の生活を成り立たせている基盤ということもできるでしょう。それは、国民の全員から金を集め、それをまた全員に再配分するシステムです。批判の矛先が、いつの間にか自分に向いているという日本の複雑なシステムの一端を垣間見させてくれます。

ただ、社会全体がそうであっても、それに従わなければいけないという掟はありません。組織の処方箋と個の処方箋は異なるのです。少しの手間で自分だけ、そのシステムから抜け出すこともできます。

## 複雑な流通構造ゆえの価格上昇

外国の仕入れ担当者には「たしかにそうなんだけど、現実にはそうはいかない」という説明に終始していた私ですが、こんなことがありました。

あるコネクタ（プラグ）を仕入れていたときのことです。価格は400円くらいでした。もともと500円くらいで仕入れていたもので、交渉を重ねて徐々に安く仕入れることができるようになっていました。

「こんなもんかなあ」と思っていたとき、たまたま秋葉原のパーツ屋で、同じ商品が販売されているところを見ました。すると、200円くらいだったのです。もちろん、新品で。

これは恥ずかしかった。街中で販売されている価格の方が、プロが企業相手に仕入れている価格よりも安いんです。すぐに、仕入れ先に申し入れ同額以下で買えるようにしました。

そして、同時に、そのコネクタを製造しているメーカーに「気づかない間にこれだけ中間搾取されていた。直接購入することはできないだろうか？」と問い合わせました。結果は、150円ほどで仕入れることができるようになりました。400円と150円の差額である250円は、どこかに消えていったのですが、これも複雑な流通構造ゆえに起こる価格上昇の事象でした。

この出来事があってから、私は考え方の修正を余儀なくされました。企業間取引においては、流通が複雑になってしまう側面もあるでしょう。でも、その結果、市場価格よりも高くなってしまっては意味がありません。もしかすると、外国の仕入れ担当者の方が正しいのではないかと。

もともと100円くらいのものであっても、いくつもの流通業者を通過することによって価格が倍以上に膨らむことは珍しくありません。

例えば、外資の半導体メーカーは、日本市場では直接販売することはなく、ほとんど代理店を経由して販売しています。その結果、半導体メーカーから流れた商品が最終顧客に辿《たど》りつくまでに、3〜4倍もの金額になっています。

では、どうすればよいか？

単純です。やはり、外国の仕入れ担当者が言うようにメーカーから直接買えばよいのです。

私はそれ以降、中間流通業者が入っているところをつぶさに調べ、その一つ一つの商品に対して、中間業者をすっとばしてメーカーに直接販売してくれるように頼んでみると、多くは対応してくれました。当然、中間業者が担っていてくれた在庫管理などは工夫する必要があります。ですが、それを考慮しても倍の価格で買い続ける理由にはなりません。

第1章で紹介した牛丼屋、コーヒーショップ、飲食店の大手では、卸売経由の取引をやめ、農家と直接取引を開始しているところがあります。特に外国から仕入れるときは、中間業者として卸を入れるだけで、不当に高い手数料を取られることがあります。その対抗策として、農家と直に契約したり、農場を経営したりしているのです。そのことで、当然安く買えます。しかも、相手の顔も見え、こちらの要望を伝えやすくなります。

仕入れ先にとっても、買い手と直接やり取りができることはメリットのあることばかりです。買い手が何を欲しているのか、あるいは買い手の先にいる客がどのようなトレンドのものを欲しがっているのかは、中間業者がいればなかなか知ることはできません。市場のトレンドや需要予測を定期的に打ち合わせすることによって、商品の安定的な供給体制を構築しているところもあります。

これなら、仕入れ先はムダになってしまう商品を乱発することもなく、かつ仕入れ企業は商品を値上がりさせることもなく買い続けることができるのです。

## 直接買えば企業も家計も変わる

中間業者を入れずに、直接購入する。実はこれ、企業間取引だけではなく、個人の買い物においても通用します。

例えば、人生最大の買い物といわれる住宅。購入するときに、販売会社を経由すると、最低でも3％の手数料を取られます。3％ならばたいしたことなさそうに思えますが、3000万円の3％なら、90万円ですからバカにはできません。

私のバイヤー友達で、ショールームを見て大変気に入ったハウスメーカーがあったので、そこの連絡先を調べ直接電話した人がいます。

「あなたの会社が建てる住宅が大変気に入った」と直接購入を申し入れたところ、仲介手数料をタダにできたばかりか、その一言に心動かされ、販売会社が提示する金額から黙って200万円の値引きをしてくれ、おまけに社長が直接お礼にとメロンを持ってきてくれたそうです。

額はかなり小さくなりますが、日常の食料品にも同じことがあてはまります。休日にスーパーで食材をまとめて購入なさる方は多いと思います。現在では、郊外に大型店が続々とできており、そこでさまざまな食材を購入することができるでしょう。

ただ、それならば直接卸売市場に行ってみてはどうでしょうか？　かつては、消費者への小売りを敬遠していたところも多かったようですが、今ではそれを厭《いと》いません。食材がスーパーよりも安く買えるのは当たり前として、通常ではお目にかかることのできない鮮魚や食肉などを眺めることもできます。これまた私のバイヤー友達は、食材を安く買う方法を模索した結果、卸売市場に辿りつき、その陳列品があまりに面白いので料理の腕を磨いてしまいました。

中間流通業者は、在庫機能を持つことで、仕入れ先と仕入れ企業の間の空間的・時間的な短縮を図ってきました。ただ、アマゾンのような、独自の流通ルートを確保し、できるかぎり中間流通を排除しようとする動きも出てきています（しかも、アマゾンは「配送料はタダが当たり前」という感覚を消費者に植え付けました）。また、私の前述の例のように、仕入れ企業が中間流通業者の見直しを図っている例も散見されます。

同じものなのに、中間流通の有無で価格が変化するという不思議な構造。あなたの買っているものは、どこから来たのか？　直接買えば安くなるのではないか？　企業の利益も、家計も、それを考えるだけで変わってきます。

## 工夫④――レンタルできるものはレンタルを

### 買う必要のないものは買わない

客の気づかない商品仕様の削減、情報収集、そして仕入れルートの変更まで。これまで、企業や店の仕入れの工夫に注目してきました。ただ、人々が商品と触れ合うときに、忘れてはいけないもう一つの観点があります。

それは、そもそも「仕入れない」「買わない」ということです。

買うなら少しでも安く買った方がよいですし、少しでもよいものを買った方がよいのは当たり前のこと。でも、もっとよいのは、そもそも買う必要がないものに金を払わないということです。

身近なところでは、レンタルビデオを利用している方は多いでしょう。1回きりしか鑑賞しないのであれば、レンタルで済ませるのは当然のことといえます。

では、会社のなかはどうでしょうか。

まず、借りビルか、自社ビルか。そして、パソコン・コピー機は買い上げか、リースか。社用車は購入品か、リースか。

これらは、かつて購入することによって、社員に長く使わせたほうがよいという考え方がありました。貸し主にお金を継続的に支払うくらいなら、その分で購入してしまった方がよいではないか、というわけです。これには、それなりの合理性もありました。

しかし、以前のように中央に大型マシンが１台稼動している時代ならまだしも、昨今ではパソコンのリニューアルの期間も短くなり、とても毎回買い上げることはできなくなりました。現在では、ほとんどの企業がパソコンをリースに頼っています。

土地も、高度成長期のように年を経るごとに地価が上がっていく時代なら投資する価値もあったのでしょうが、今はそうではありません。バブル期はマンションが高騰していたといいます。しかし、そのときに購入したマンションが、暴落とともに借金だけを残して不良資産と化して家計を圧迫し、払い終わったときには、ほとんど資産価値を持たないなどということがあふれています。

持ち家だとしても同じことです。借家の人に「家賃分を払うと思えば、家が買えます」というセリフが、不動産業者がマイホームを買わせるときの殺し言葉だといいます。しかし、持ち家は固定資産税に補修費、経年劣化などがあり、かつ自由に移り住むこともできなくなり、かつこれまた払い終わったときは土地分の価値しか残されていません。しかも、そのときの地価によっては、元手すらも取り返せないこともあります。

マイカー、社用車はどうか。これも、各自動車メーカーは大々的な宣伝をしていませんが、毎月ちょっとの金額で高級車をリースするサービスを始めています。月々数万円を支払えば、あなたも高級車オーナーになれるのです。

ここで計算をしてみましょう。

金利などの計算はあえて省いています。私がかっこいいと思う日産のフェアレディZの最低グレードの6速マニュアルは、新車で320万円ほど。3年で車を交換する予定だとすると、これに対して、リースする場合はホームページ上の価格によると次のようになります。

**3万1500円×30ヶ月+25万6290円×ボーナス6回＝248万2740円**

新車で買う場合よりも安くなってしまいました。

もちろん、新車で購入する場合も、リースの場合もさまざまな付加費用がかかりますが、単純比較ではそういうことになります。新車を購入した場合は、当然3年後には売却できますから、前述の式は不正確だという批判もありましょう。ただ、リース金額には自賠責保険料や自動車税も含まれています。自分で厳密に計算する場合は、その分を差し引いて、かつ中古車市場の動向を予想して、それらの数値を加味すべきでしょう。

また、都心部に住んでいる人がマイカーを持つことは負担でしかありません。田舎で毎日車通勤をしている人であれば別でしょうが、年に数回の家族旅行のためにミニバンを買う費用対効果が存在するのか確認してみた方がよいでしょう。社用車ではそうはいきませんが、週末ドライバーは毎回レンタカーを使用した方が、購入するよりもずっとトクです。

## 「長く使う」というのは幻想

人間は何か大きな買い物をする瞬間には、その商品をずっと長く使うことを前提にしています。しかし、実際はどうか。ぶらさがり健康器が多くの家庭に眠り続けているように、人間の継続性というのは、ほとんど信じない方がいい。

特に、現在のように新しい商品が次々に出てくる時代にあっては、都度最適品を選定していくしかないのです。

もちろん、「買った方がトクだ」と思っている人は、数値を並べてもなかなか納得してくれないというのは事実です。自分のものでないのに、金を払うことに拒絶反応を示す人もいるからです。

ただし、都度最適品をリース・レンタルしていく、ということはもはや一つの流れになってきています。かつて、何百万円もかけて、社内テレビ会議システムを導入した企業がありましたが、今ではインターネット回線を使用した月額制の安いテレビ会議システムがあります。

私はそれらを購入することを完全否定しているわけではありません。ただ、次から次に安く高性能の商品が登場してくるこの技術革新の時代のなかにあって、大きな投資をする前に、一度立ち止まって考えてみることも必要だと思うのです。

安く買おうとする前に、まずは買わないでよいものは、買わない考慮を。

これは、単なる商品の仕入れを超えた、仕入費削減策なのです。

## 不正①――人間の感覚を惑わす1%の誤差

### ラーメンの麺を2本減らしたら

ここまでは、各企業が客に提供する商品の価値を下げずに行なう、安い仕入れの工夫を見てきました。陰と陽という区分があるのであれば、これらは「陽」の秘密でした。

ただ、「陰」の秘密もあります。それは、仕入れ商品を安くする代わりに、商品の価値を下げて、そうとは客に悟られないように騙すことです。

本章の冒頭で、1ミリの鉄板を例に、その公差にまつわる攻防を紹介してきました。公差を工夫することによって、積極的に利益に好影響を与えようとする例です。

公差の工夫と似ているようで似つかない、「陰」の例もあります。ほんのちょっとの差異を意図的に不当に利用することで、客を騙すことです。この事例も、枚挙に遑《いとま》がありません。

例えば、飲み会の後に食べるラーメン。

あなたはもしかすると、味にうるさい客かもしれません。少しの味の違いにだって気づき、その小さな差異の中からお気に入りの店をいくつも持っているかもしれない。だけど、その差がどんなに小さくても気づくでしょうか？

ある店はラーメン一杯につき100本の麺を使っていました（例えば、です）。ここで、ある店主は気づきます。


「昼間の客には麺を2本少なくしてみたらどうだろう？」

「夜の客には麺を4本少なくしてみたらどうだろう？」


そして、その店主は、昼間の客には麺を98本で、夜の客には麺を96本で提供することを試します。

おそらく、「自分はその麺の減少に気づくだろう」と即答できる客は多くありません。私だったら、間違いなく気づきません。しかも、夜に酔っていたらなおさらです。

700円のラーメンがあるとして、その平均原価率は約30％といわれています。ここでは、麺以外の材料もすべて同じ比率で間引いたと仮定しましょう。客は昼間に100人、夜に100人来るとします。

ここでも簡単に計算してみます。

総売上げ（700円×200人＝14万円）に対して

**・これまでの原価**

**700円×30％＝210円（一杯の原価）**

**ゆえに**

**210円×（100人＋100人）＝4万2000円**

**・間引き後の原価**

**700円×30％×98％≒206円（昼の一杯の原価）**

**700円×30％×96％≒202円（夜の一杯の原価）**

**ゆえに**

**206円×100人＋202円×100人＝4万800円**

よって、**1200円の利益改善**となりました。

これは、ラーメン約6杯分の原価に相当します。つまり、一日に6杯、一ヶ月で1200円×31日÷210円＝177杯ものラーメンを余計に作ることができる、すなわちその分の原価を減らすことができました。

この店主がバリエーションとして、「女性客にはさらにマイナス1本」というアイディアを思いついたらどうでしょうか？　加えて、泥酔して入店してきた客には……。

もう止めておきましょう。ただ、どれだけの客がそのちょっとした「工夫」に気づいてくれるかというと、かなり疑問です。

## 感覚の鈍さが利用される

ここで、鉄板の厚さを工夫した話と、ラーメンの麺を減らした話を比較してみます。

板厚は見た目上変更したとしても、本来の条件には合致していますし、それにより以前より劣った製品が出来上がるわけではありません。むしろ、完成した製品の平均重量が軽くなることが想像できます。つまり、資源（鉄）を少なく使うことに成功した、とすらいえるのです。

一方、ラーメンの話はどうでしょうか。もちろん、ラーメン屋は、客に100本の麺を提供するという約束をしているわけではありません。ラーメンを提供する、という行為に対して代金をもらっています。たった数%を調整するだけだから、お客は気づかない、そして浮いた材料は次のお客に有効に使われる。これはエコロジーな行為であるのだ、という開き直りもありうるわけです（もちろん、実際そうするかどうかは店しだいです）。

居酒屋で客は、飲みはじめのときは料理を平らげていますが、酒が進むにつれて残飯も多くなっていきます。飲んでいる時間に応じて料理や酒の量を調整している居酒屋があっても不思議ではありません。実際、水割りの焼酎の量を減らしているところもあります。

有名メーカーのお菓子でも、原材料が上がったときにまず考慮されるのは、「では、そもそもの量を減らすことができないか」ということです。実際、お菓子などは原材料が高騰して抑えきれなくなったら、メーカーは量を減らしています。冷凍食品でもそうです。

私だったら、袋詰めされたお菓子の量が1～2個減っていても、気づきません。メーカーもそれを狙っているのでしょう。味は感覚の鋭い人であればわかるかもしれませんが、ほんのちょっとの量の違いは人を惑わすのです。

同じようなことは、飲料にもあてはまります。ジュースなどの材料が高騰し、原価が上がってしまうことがあるのですが、そのときにどうするか。それは、単に材料を減らして水で薄めるのです。

もちろん、材料が半分になれば誰だって気づくでしょう。ただ、それが値上がり分の2%だったら？　おそらく誰も気づかないのではないでしょうか。そのように人の感覚の鈍さを利用して、なんとか仕入れ企業は利益を確保しようとしているのです。

こんな話はどこにでもありふれており、バリエーションも豊富です。

あるスナックで聞いた話ですが、高級ウイスキーを客に注ぐとき、中身はただの安物ウイスキーであることが多いというのですね。本物であることを示すために、ボトルのキャップを開けるところをわざわざ見せるわけですが、実はそこの根元をカッターで剝《は》ぎ取り、前もって中身だけ移し替えておくと。

中身を移し替えたら、キャップを挿入して接着剤で止めておく。そうすると、客は誰も疑わないし、そのスナックの雰囲気にのまれて、味もわからない、と。それに、女の子にちやほやされて、味なんてわからないでしょう、とも。

「味がわかる相手もいるでしょう」と尋ねると、「酔っ払った客にやっているので、気づかれません」と。なかなか相手も上手《うわて》のようです。これも、相手の感覚の鈍さを利用しているといってもよいのではないでしょうか。

## 小細工で原価を抑える人たち

もちろん、客に提供する食材の量を減らしてまで利益を確保するのは間違いではないか、と思われた方もいらっしゃるでしょう。ラーメンの麺を減らしたのであれば、実際にお客が食べる量が少なくなっているではないか、俺は１００本の麺で作られたラーメンが食べたいのだ、という謗《そし》りを免れないでしょう。私もその怒りに賛同します。

ただ、これらがややこしいのは「騙す」と言いながら、詐欺商法ではないところです。あくまで合法の範囲。客が気づかず、それでいて客が満足してくれるある一定のレベルを、とりあえずは保持しようとしている人たち。そして、同じようなものに見せかけて、実は小細工で原価を抑えようとする人たちなのです。

彼らは、例えば、トンネル工事で、誰もが「気づかないから」といってコンクリートの耐震偽装設計をしてしまう犯罪者とは違います。コピーブランドバッグを意図的に仕入れて高値で売りつけるそれとも違う。もちろん、賞味期限のシールを貼り替えて、期限切れの食品を売りつけることとも違います。彼らは、利益を少しでもアップさせるために、グレーゾーンを走り抜ける、そんな人たちです。

ただ、こういうことは長く続きません。客を騙そうとするセコい精神のせいでしょうか。客をもてなすという前提まで忘れがちになったり、それを見ている店員たちも接客をおろそかにしだしたり。そんな悪しき雰囲気が蔓延《まんえん》し、客が遠のいていくのがオチです。

私が書いてきた「騙す」事例は、もちろん社会的に推奨できる種類のものではありません。しかし、私はこのラーメンの麺の話をきっかけにして紹介したいことがありました。世の中には「陽」の秘密だけではなく、「陰」の秘密もあるということ。そして、その「陰」によって、どうとでも原価率が下がるということを。

これまでの原価論では、商品の原価率を一定とすることで説明されてきました。マクロな世界では、それぞれの商品の原価構成が捨象され「平均原価率」として表現されます。しかし、実際のミクロな世の中にあるのは、怪しく、ときに詐欺のようで、それでいて可笑《お》《か》しく、人々の工夫にあふれた、可変的な「原価」なのです。

## 不正②――支払額を突然下げる買い手たち

## 借金を返さなくてもいい方法

仕入れ原価・製造原価を下げようとする攻防は、客を騙して、仕入れ商品を少なく使うことでした。そして、客を騙した後は、仕入れ先との「陰」の攻防が待っています。

ここで、突然ですが、借金を返さなくてもいい方法を紹介しましょう。

10万円を誰かから借りる。そして、約束の支払期限がきたら、その貸し手に「もう10万円貸してくれ」と迫る。「まずは10万円を返してからだ」と言われても、「いや、本当に困っているんだ。あと10万円だけ」と言う。それを繰り返しているうちに、貸し手は「これ以上、この厄介者に関わりたくない」と逃げていく。

こういう簡単な方法です。

もちろん、大半のまともな人はそんなことはしません。その瞬間だけ金銭的な得をするよりも、信頼を失う損失の方が大きいということを身にしみてわかっているからです。

ただ、信頼を失っても目の前の金を得たくてしかたがない亡者には、そういうことを言ってもムダにしかなりません。

仕入れ先は、10万円の商品を買い手に提供するときには、当然ながら10万円が支払われるものだと思っています。しかし、9万円しか支払われない例もあります。苦情を言おうものならば、「いや、本当は8万円しか金がなかった。今回は、なんとか払ったんだ。次回からはさらに1万円値引きしてくれないか」と返される。それがあまりにしつこいものだから、仕入れ先はもう「10万円払え」と言うのを止めてしまいます。これは、前述の借金逃れとどこが異なるのでしょうか？

## 一方的に10％の値下げを通告

ある外資系輸送機器メーカーの仕入れ部門統括者は、製造原価の高騰に悩んでいました。それぞれの仕入れ単価が高止まりしているようで、各担当者に聞いてみても「なかなか仕入れ先と交渉が上手くいかない」とのこと。仕入れ単価をそれぞれ10％ほど下げないと儲けがでそうにはありませんでした。

さまざまな書籍を読んだり、コンサルタントに相談したり、社内で討議したりしてみましたが、これといった解決策がでてきません。そして彼は簡単な解決方法を思いつきます。

「支払額を10％下げればよいのだ」

これは、ギャグではありません。下手な交渉をするよりも、自動的に支払額を下げればよいのだと気づいたわけです。

彼は早速実行に移しました。各仕入れ先に次のことを通達するように部下に伝えたのです。

(1) 翌月よりすべての支払単価を10%下げます
(2) それについてこられない仕入れ先は撤退してください
(3) VA・VEを実施したい場合は申し入れてください

という簡単でいて仕入れ先にとっては青天の霹靂《へきれき》のようなものです。

VA・VEとは正確には「Value Analysis」「Value Engineering」と呼ばれるもので、いろいろな説明が可能ですが、簡単に言ってしまえば「商品を安くするためのアイディアを出すこと」です。早い話が、「単に10%下げるのではなく、仕様を変更したり、材料・製法を工夫したりすることによって値段を下げたいのであれば相談には乗りますよ」ということ。

これはひどい話です。大口の客から、「10%下げることができなければ、出て行け」と言われるのです。原理主義的にいえば、「そんなところとは取引を止めて、違うところと取引を開始すればいい」となるでしょう。

ただ、現実にはそんなに簡単ではありません。仕入れ先がすぐに次の取引先を見つけることはできませんし、経営者は従業員を食わせるためになんとか仕事を確保しなければいけない。工夫（VA・VE）して10％を下げろと言われても、1ヶ月で考えられる程度のことは前からやっています。

「来月から給料を一律10％下げるから、イヤなら辞めろ」と言われたときのことを想像してみればいいでしょう。

「その分仕事も10％減らしてやってもいいぞ」と言われても、どうしようもないはずです。仕入れ先が仕入れ担当者に相談しても「いや、そういうことになっていますから」と言われるだけ。

挙句の果てには「無理だったら、もう新しい仕事なんてありませんよ」と言われる始末です。だから、仕入れ先は泣く泣くその条件を呑むしかありません。

翌月の支払明細には、ぴったりと10％下がった金額が記されていました。

## 契約自由の原則という罠

この話を聞いて、どう思ったでしょうか？ 「これは下請けイジメだ」と感じたでしょう。「訴えられるぞ」と感じたかもしれません。しかし、この企業は事前に仕入れ先に支払額減を伝え、それを取引条件にしています。彼らが開き直って、「この価格は両社で合意したものだ」と言ったら、どのような反論が可能でしょうか。「この価格でいやならば、撤退すればよい」と。

たしかに取引をしている二社間では、基本的な契約が締結されています。そこには、公平公正な取引が謳われています。ただ、当局がタレ込みを受けて調査しにきたり、訴訟を起こされたりしない限り、「金を払い、金をもらう」という現実の前では、美辞麗句は実効力を持ちえません。

突然支払額を下げようとする例は、前述の輸送機器メーカーだけではありません。仕入れ先が仕事に困っていることを知りながら（低い金額を提示して）「無理なら、次から来なくていいから」と言い放ってしまっても、契約自由の原則があるのですから、何ら罰せられません。相手との契約書を偽造したら問題ですが、そうではありません。

もちろん、日本には「下請代金支払遅延等防止法（下請法）」という下請業者を保護する法律もあり、これに反した買い手企業が非難の声に晒されることがあります。ただ、晒されているのは、氷山のほんの一角で、買い叩かれた仕入れ先の大半は泣き寝入りをするか、あきらめて従っています。

もちろん、こういう仕入れ企業は仕入れ先と長期的な関係は構築できません。自社のことだけを考えていては、相手にも儲けさせて両社で繁栄の道を創っていくことはできません。実際、この輸送機器メーカーはしばらくして、グループ全体でジリ貧に陥り、さらに仕入れ先への求心力を急速に失っていきました。さっきのラーメン屋の行く末と同じで、ロクな未来が待っていないのです。

ただ、そんな正論を言っても、他者からの信頼など不要な人間に、借金から逃げることを倫理的に説得することはできません。なんとか目の前の価格だけを下げたい買い手たちは、今日もどこかで相手に不利な条件を突きつけているでしょう。そして、仕入れを通じて自社の利益をアップさせているはずです。

客を騙し、仕入れ先を脅し、「陰」の秘密はその姿を現そうとしています。

## 不正③——倒産仕入れと詐欺仕入れ

### 独自ルートという闇

輸送機器メーカーが突然支払額を下げようと試みたとき、正面切った反論が少なかったのはなぜでしょうか？　それは、あからさまに自社の利益優先を考えているにもかかわらず、そこには自由取引の前提があったからです。

取引をするもしないも、両社の自由。こういう一見否定できない正論があったからこそ、多くの仕入れ先はしぶしぶとはいえ従ったわけですし、しばらくは仕入れ費用削減の成功を勝ち取ることができたわけです。

これは、ときに新聞紙上で、「仕入れ費削減成功」と讃《たた》えられることだってあります。やっていることは「陰」でも、成果として人々の目に触れるときには「陽」というわけです。

ただ、仕入れ企業に後ろめたいことがあり、ずっと表に出さず秘密にしておきたいこともあります。

例えば、第1章で見てきた家電量販店でまとめ仕入れされたテレビのうち、余ったものを流した闇ルート。これらは地方のディスカウントショップなどに行き着きますが、仕入れた店は「独自ルートで仕入れたため、安価で提供」と謳《うた》っています。

ブランドバッグの例では、バッタ品を仕入れる店がありました。

そこで販売できなかったものは、さらに二束三文で売り叩かれ、違うバッタ品専門店に流れ着きます。自動車ディーラーにある試乗車も、いつしか「新車同然！」という張り紙とともに中古車販売店に流出するか、格安車として正規店以外で販売される運命です。これらは語られることすらありません。

## 倒産ビデオ店から仕入れるCDやDVD

こういう闇仕入れのうち、仕入れ先の不幸に立脚している「倒産便乗」という手法があります。これは文字通り、倒産してしまった企業の在庫を最低価格で引き取ることです。

例えば、現在日本全国でレコード店の倒産が相次いでいます。インターネットサイトからのダウンロード購入が広がり、かつ音楽自体がカラオケ文化に染まった今、DJなどの職業人や愛好家を除けば、レコードを買うということ自体がほとんどなされないようになってきたからです。

倒産したレコード店に加え、同じくインターネット配信や配送サービスに押されて倒産してしまったレンタルビデオ店から、CDやビデオ、DVDが次々に集められています。これらの多くは、ケースを替え、CDは磨かれ、新たなレンタルショップの陳列商品として並ぶことになります（なお、大手レンタルチェーンのなかには、店同士でソフトを共用しているところもあります）。そして、一部は中古ショップへ。あるいは、日本のレコードを収集している外国人たちに、オークションサイトを通じて高値で販売されます。

ちなみに、かつて私も新宿にある外資系CDチェーン店で輸入CDを購入したときに、開封済で再生面に無数の傷があったことが二度ほどあります。メディアが新品かどうかをほとんど気にしない私は、「おっ仕入れを工夫しているな」と感心してしまいましたが、そこは感心してしまうところではなかったのかもしれません。

同様の例で、最も有名なのは100円ショップの仕入れでしょう。

100円ショップは、玩具工場、文具工場、雑貨工場など、倒産してしまい引き取り手のいない在庫群に目をつけます。そして、その在庫をまるごと1個あたり数円で買い取ってしまいます。今では、オリジナルブランド品などが多くあったり、海外からの仕入れ商品も多くなってきたりしているようですが、もともとの発祥は、倒産企業の資産売却にありました。次に100円ショップに行ったときに、その華やかなイメージの裏に、倒産してしまった企業があることを想像してみれば感慨深いものです。

「倒産便乗」という仕入れ手法はあまり知られたくはないでしょう。もちろん、買った商品が悪いわけではありません。

しかし、私たちはどこかその商品の出所が気になってしまうものです。

スポーツウエアのメーカーが、実はアジアの幼い子どもたちを低賃金で強制的に働かせている、という報道があっただけで不買運動が起きてしまったことがありました。商品が届く過程にグレーなイメージがあったら、どうもその商品を買えなくなってしまうのですね。この心情はわからなくもありません。街頭で販売されている古着のなかには、アメリカのゴミ箱から拾ってきたものもあるそうですが、そんなことを買う直前に知らされたら、買いたいという気持ちはなくなります。

## 廃品回収業者がつぶれない理由

その意味で、最後に紹介する最低の手法は、詐欺による仕入れです。

私の友人が大掃除をしていたときのことです。廃品回収業者の声が聞こえました。

「なんでも買い取りますので、お声をかけてください」

その声に惹かれた友人は、呼び止めて中古のノートパソコンを買い取ってくれるように依頼します。すると、業者はじっとパソコンを見、かつキーボードを確認して、こう言いました。

「こりゃ、結構古くて買えないよ。どうです？　このまま廃棄しておきましょうか？」と言われ、友人は廃棄賃5000円を何の疑問もなく支払ったというのですね。ただ、後になって考えてみれば、どうもおかしい。買い取りだったはずが、いつの間にか金を払って引き取ってもらっている。

友人が後日、その廃品回収業者を見かけたとき、同じことを客に言っていたそうです。

「こりゃあ、引き取り手もいないよ。捨てるのも手間だからね。なんなら、廃棄しておこうか？」

ここには、仕入れとは金を払うものではなく、金をもらうものだ、という発想の逆転があります。おそらく、そうやって仕入れたものは、闇ルートに流れていったのでしょう。

仕入れて儲け、売って儲け。以前、ホームレスに一冊10円を払って駅のゴミ箱から週刊誌を集めている業者の話を聞いたことがありましたが、その業者以上に鮮やかです。

　もちろん、私はこの手法を推奨したいとはまったく思いません。詐欺行為ですし、この本が広く読まれて、読者が用心してくれるのを期待しているくらいです。

　ただ、私の友人には悪いのですが、詐欺師たちを登場させてまで、私は仕入れ手法が多彩であることを書きたかった。何気なく手にとっている商品が届くまでになされているさまざまな工夫と不正。よい仕入れであれ、悪い仕入れであれ、その目的は利益の高さを確保することにあったこと、そしてそれは企業だけにとどまらず個人にも応用可能であること、とは繰り返し書いてきたとおりです。

　まさに、利益の高さは仕入れが握っているのです。

# 第3章 値段をめぐる仁義なき戦い

## 仕入れの失敗につながる要因

前章では、仕入れの工夫や不正という側面から、仕入れによって利益をアップさせようとする試みを書いてきました。

成功している仕入れ企業の事例を中心に紹介してきたので、あまりに上手く仕入れているなと思われた方もいるかもしれません。しかし、上手くいくことばかりではないのがビジネスの常です。

好業績がさかんに報じられている企業であっても、その中で働いている社員たちは日々失敗と向き合っています。

「コスト削減により業績が向上している」と思われている企業でも、そんなに簡単にコスト削減ができているわけではありません。裏側では多くのトラブルがあったり、思わぬ値上げを甘受してしまったり。そんな現実にあふれています。

これ以降は、そんな「利益を下げる」仕入れをしてしまう条件を挙げ、それぞれ説明を加えるとともに、それを「利益を上げる」仕入れにどうやって変えていくかも併せて紹介していきましょう。

## 性悪説的な考え方の有効性

まずここで、最初に言っておくべきことがあります。

私は第1章で、公平・公正な取引を進めることで、その取引姿勢の透明さを外部へのアピールポイントとして活用している企業の例を紹介しました。ここでいう「公平・公正な取引を進める」とは、いつもニコニコしているということではありません。「仕入れ先がこちらを騙すことはないだろう」と、仕入れ先を性善説的に信じるということでもありません。そういう企業は、騙されて使い捨てにされるだけでしょう。

「公平・公正な取引を進める」とは、むしろ「仕入れ先は隙《すき》あらばこちらを騙してくる可能性がある」と性悪説的にとらえ、相手をしっかりチェックすることによって、不公平・不正な取引ができないようにすることなのです。

「ああ、この人は騙せないな」と思ってもらい、かつ「ちゃんと対応してくれているから、こちらもちゃんと対応しなければいけない」と思ってもらえるように努力することであるともいえます。

なぜ、こういう性悪説的な考え方の方が有効か。

それは、どんなに仕入れ先と仕入れ企業が信頼関係を構築していたとしても、「仕入れ先の営業担当者は少しでも売上げを伸ばしたい」「売上げを落としたい営業担当者はいない」という単純な真実があるからです。

だから、どんなに長い取引関係があっても、仕入れ先としては少しでも高い金額を請求したいものですし、現在取引を行なっている価格が世の中一般のレベルからすれば高すぎるなどと教えることもありません。それは、相当なお人よしの営業担当者だってやらないことです。人をまず疑ってかかるとは私の趣味でもありません。ただ、相手も売上金額で評価される以上、そういう傾向になりがちなのは仕方のないことです。

## 利益を下げる仕入れの条件

さて、そういう前提で、企業・店が仕入れに失敗する例を見ていきましょう。

「利益を下げる」仕入れとはどのようなものか。その条件は三つある、と私は思っています。

### 1　仕入れ商品について知らない

2 市場価格を知らない

3 仕入れ条件が曖昧になっている

それぞれどういうことでしょうか。これから企業の仕入れ失敗の事例を通じて、順に説明していきましょう。これは、企業や店の仕入れにのみかかわることではなく、読者が日々受けているキャッチセールスや電話販売にも大いに通じるものがあるはずです。利益が下がる、相手から騙される、ムダな買い物をさせられる。これらは、誰だっていやです。でも、引っかかる人は連続でひっかかる。しかも、買っているときには気づかない。じゃあそんな目にあわないためにはどうしたらよいのでしょうか。

## 商品を知らないがゆえの失敗

例えば、あなたが社内異動をし、突然仕入れ部門に配属されたとします。そして、いきなり社長から「リノカタチグカサ」なる装置を仕入れてくるように命じられたとしましょう。

あなたはインターネットでこの「リノカタチグカサ」を扱っている仕入れ先をいくつか

見つけます。そのうち、最もホームページがきれいで、信頼できそうなところに電話をします。電話の対応はなんら問題なし。はきはきした営業担当者の口ぶりにすっかりあなたは安心してしまいます。

すると、数日後びしっとしたスーツに身を包んだ営業担当者と、その上司があなたの元を訪ねてきます。

相手は、自分たちの会社の紹介を手短に済ませると、「リノカタチグカサ」の紹介を開始。「この『リノカタチグカサ』を仕入れることはメリットも、デメリットもある」と丁寧に説明してくれます。ただ、仕入れるのであれば、安全に使用するために、「こういう付属品を購入なさった方が無難だ」と付け加えます。「大手のみなさんも、そうなさっています」とも。

相手は、「リノカタチグカサ」の200万円に、その付属品の100万円を加算した、300万円という見積りをあなたに提示。あなたが相手に「リノカタチグカサ」の価格について「300万円くらい必要なものですね？」と尋ねると、「ええ、そんなもんですよ」と。

彼らはそのとき、「コンタクトなさるのが、ウチが初めてならば、他の仕入れ先も調べてみられるとよいですよ」と親切にコメントをしてくれ、「ご予算が厳しければ、ご相談くださいい」と言い残して帰っていきます。あなたは、もうその時点で、彼らから仕入れることを決定していました。

仕入れの数ヶ月後。あなたは、「リノカタチグカサ」をより高機能・低価格にした「リノカタチグカサ2」が100万円程度で流通しており、さらに付属品などを購入しない方が一般的であることを知ります……。

## 無知な相手に高く売りつける方法

「リノカタチグカサ」とは私の造語です。

ただ、この架空商品を通じて、商品を知らない仕入れ担当者が、騙されるまでの典型例を描いてみました。本来の仕入れ先選定のプロセスはもっと複雑なものなので、「こんな簡単に騙されたりしないよ」と思う人もいるでしょうが、実際にはこんな単純なことで騙されているのです。

書きながら笑ってしまいそうになりましたが、ここには相手側の作戦が詰まっています。

相手の作戦は、情報を与えたように見せながら、実は仕入れ担当者に「商品を知らせない」ことなのです。

商品のことを知らない相手に高く売りつけるには、次の方法が有効だとされます。

**1　みだしなみや対応をしっかりする**

**2　商品に関する相手の知識レベルを知る**

**3　商品のメリットだけではなく、デメリットを紹介することで、相手に売り手のことを信頼に足る人だと思わせる**

**4　大手企業をはじめとする他の客も、同じような仕入れをしていると安心させる**

**5　価格については、「こういうものだ」と言い切る**

**6　交渉の最後では、あえて引いて、相手に考える時間を与える。こちらはどうしても売りたいわけではない、とアピールする**

**7　最後に相手のことを思いやったような発言をして席を立つ**

これら七つの要素がさきほどの話にはすべて盛り込まれていたということがわかっていただけたでしょうか？

ではなぜこれらの手法が有効かというと、次のような人間の特性二点を上手く利用しているからです。

### ●人は理屈ではなく、見た目・感情で購入を決定する

彼らは、あなたに商品のことを知らせようとはしませんでした。もちろん、商品の説明はしています。ただ、彼らが買わせようとしているのは、商品ではなく「彼ら」自身です。商品ではなく、自分を買ってくれ、信じてくれ、といっています。

優秀な営業担当者は、人が何かを買うときには、理屈ではなく感情でほとんど決めてしまうことを知っています。それゆえに、まずは商品を売り込んでいるようにみせかけて、自分たちを売り込むわけです。あなたが買いたいのは、その営業担当者の人柄ではなく、商品であるにもかかわらず。

「あなたは、商品のこと知らないんでしょう。だったら、私のこと信じてよ。私はこの商品について詳しいから、いろいろ教えてあげるよ。私から仕入れたら問題ないからさ」

とわかりやすく言えばこういうことになるでしょう。これが優しい言葉でささやかれる

ので、なかなか気づかないわけです。

誰だって、怪しそうな顔と服装のおじさんが「値段はこんなもんやで〜」とソロバンをはじきながら語れば疑いたくもなるでしょうが、そうじゃない。丁寧で礼儀正しいからわからないわけです。

考えてみれば、その人が「商品について詳しい」ことと、「こちらに安く売ってくれる」ことのあいだには何の因果関係もありません。まして、「ちゃんとした服装をしている」ことが、「騙さない」ことにつながることもないのです。

そして、

## ●人は、売りたい人からは買いたくない

相手はこちらに商品を勧めることはあっても、強要しようとはしませんでした。これは、仕入れ担当者にとって大きな意味を持っています。

逆に、「ウチから仕入れるのが一番だ。絶対他社よりもサービスはよいし、価格も安い」としつこく言ってきたらどうでしょうか？　おそらくあなたはそこから仕入れることはな

かったはずです。

考えてもみてください。お医者さんが、「風邪ひいている人いませんか。診断しますからお越しください」とギラギラした目つきで各家庭をまわって営業活動をしていたらどう思いますか。私だったら、間違いなくその医者には診てもらいません。何かあるのではと疑ってしまいますし、なんだか金儲け主義のようでいやですよね。

その逆に、最低限の薬を処方してくれ、「何か困ったことがあったときには、また来てください」とだけ言ってくれるお医者さんがいたら、絶対にそっちの方を選びます。そういうお医者さんだったら、信頼して診てもらえそうだからです。

実は、このように人間は「売りたい！　売りたい！」という感情が表に出ている人とは取引したくないという特性を持っています。営業担当者がメリットだけではなく、デメリットも紹介したのはこういう理由からでした。「押されると引いてしまう。引かれると押したくなってしまう」ということです。

彼らはさかんに「私が儲けたいわけじゃない。あなたに幸せになってもらいたいんだ」という内容のことを言ってきます。売りたい、儲かりたい、とは絶対に言いません。優秀な営業担当者が使う有名な誘導手法に、「徐々に買い手に頷《うなず》かせる」というのがありますが、これを踏襲しています。

例えば、こんな感じです。

「もし、宝くじで土地つきの家が当たったらどうします？　躊躇《ちゅうちょ》せずにもらってしまうでしょう？　じゃあ、もし1000円で土地つきの家が買えたらどうします？　それも買っちゃうでしょう。じゃあ1万円だったら？　それも買ってしまうでしょう。そう、あなたはきっと心のなかでは、マイホームがほしいと思っているんです。それを正直に自分に認めてあげてください。マイホームを持つことが、あなたの幸せなのだ、と」

これも、私が書いたマイホームという商品の特性を知らなければ、ころっと騙されます。相手は、「あなたの幸せ」を願っている人なのですから。少なくとも見た目は。

「リノカタチグカサ」の仕入れの失敗は、商品を知らないことにありました。商品を知らないから、「それは違うよ」と言えない、「嘘だ」と気づかない。相手の話を信じるしかなく、相手の情報に踊らされ、相手の提示価格を疑うこともなく、他社を調べることすらありませんでした。

仕入れ商品を知ることなど、基本中の基本のようですが、現場では何もわかっていない人が仕入れを担当していることが多々あります。もちろん、最初は誰だってわからないことだらけです。しかし、わからないままにしておくと、いつの間にか失敗していることにも気づかない、ということが起きます。失敗

売り買いは知的ゲームです。失敗するも成功するも、ゲームをどれだけ把握しているかにかかっています。商品を知らないのは、ルールすら知らないようなものなのです。

そして、いつしか次の失敗がやってきます。

## 市場価格を知らないがゆえの失敗

商品を知らないことの次にマズいのが、市場価格を知らないことです。商品についてどれだけわかっていても、他社よりも高い価格で買い続けていたら意味がありません。市場価格よりも高い金額で買っているのに、満足してしまうことがあるのです。

ところで。

仕入れ担当者の評価は、どのように決まるか知っていますか？　小売業などでは、自分が仕入れた商品がどれだけ売れたかで評価するところがあります。ただ、継続して同じ商品を仕入れるところなどは、「前回買った価格よりもどれだけ安く仕入れることができたか」が評価ポイントとなっています。

例えば、前回100円だったものを、90円で買えるようになったとします。それを年間10万個仕入れているとすると、
（90円－100円）×10万個＝－100万円
これがその仕入れ担当者の成績だというわけです。このマイナス額をいくら叩き出せるかに仕入れ担当者は躍起になっています。
そうなると安いものをかき集めてしまうという悪しき風潮も生みがちになるのですが、それは置いておきましょう。まともな仕入れ担当者は、少しでも安く買えるように日々思考を重ね、安く買えたら喜ぶわけです。ただ、それも市場価格を知るという前提がなければ、無意味な自己満足に浸ることにもなってしまいます。

かつて、こういうことがありました。私はトランシーバを仕入れており（こんなものも仕入れるときがあるのです）、前回仕入れたときは1セット5万円。ただそこで、次回の注文は200セットくらいに多くなることがわかっていましたから、交渉して1セット4万円にしました。この差額の－1万円×200セット＝－200万円を私の成果として報告しておきました。

その数日後のことです。そのトランシーバの名称をインターネットで検索したところ、通常は3万円程度で売られていることがわかりました。ショックを受けましたね。私が交渉した結果よりも、一般の人がネットショッピングした方が安いのですから。すぐにその報告「成果」は取り消しておきました。

第2章で私は秋葉原という巨大な元「工作パーツ市場」でコネクタが安く売られており、中間業者を外したという話を書いています（今日では、秋葉原は工作パーツ市場であることから脱皮し、オタクたちの「趣」都になっているので、「元」をつけました）。これは、中間業者が価格高の要因になっている話でしたが、製造業者から直接仕入れていても、このように市場価格から乖離《かいり》した金額を摑《つか》まされることがあります。もちろん、トランシーバは市場価格に訂正してもらいました。

評価は前回の価格からの比較でなされるので、そのまま4万円で仕入れてもよかったのでしょう。ただ、市場価格以上で仕入れているのに評価されるのはおかしな話ですし、そんなことより市場よりも高く買わされるのは悔しいじゃないですか。

まさに、この私の例が、市場価格を知らないがゆえの失敗です。

## 売り手と買い手の情報の不均衡

ここで少しだけ難しい話をします。

経済学で最初に学ぶ基礎理論では、「市場には、無数の買い手と売り手が存在し、かつお互いがすべての情報を持っている。ゆえに、価格はその二者の需要と供給が均衡するところで決定される」という説明がされています。

しかし、現実にはそんなことはありません。売り手は多数の客先に行き、市場価格を把握していますが、買い手は特定の売り手としか付き合わないため、市場価格を把握していないのが普通です。持っている情報量の多さと、価格決定の強さは比例しますから、どうしても価格は売り手よりの不均衡な状態になってしまいます。

食材であれば日本経済新聞や業界紙で日々の価格動向を知ることができます。それらは代表的な品目だけです。ただし、そういう情報すら知らなければ、売り手の思い通りにされてしまいます。半導体（DRAM等）も同じく価格動向を把握できますが、チェックしていなければ、値下がりの局面なのに高値で買わされ続けるでしょう。冒頭に書いたように、「市場価格よりも高く売っていますよ」と親切に教えてくれる営業担当者などいませんからね。

市場の情報をすべての買い手に行き渡らせる方法は残念ながらありません。ただ、近いことはできるようになってきています。それは、インターネットの普及によってもたらされた情報革命といえるものです。

身近なものでいえば、名刺。

普通の企業では、１００枚入り名刺を１０００円ほどで作成するのが普通でした。その一方で、大企業などは、同じく１００枚入り名刺を４００円程度で作成していることが珍しくありません。

普通に仕入れを続けるだけであれば、１０００円で買っている企業は、それが４００円になることなどわからなかったでしょう。そこにやってきたのが、インターネットでした。名刺は紙に印刷するだけ、という特性も手伝って、多くの名刺販売サイトが乱立するとともに、その低価格ぶりが世間に知られることになったのです。

これまで１０００円で作成していたところを、インターネットを使うだけで６００円も安くできるのであれば、誰だってそちらを使います。既存の仕入れ先たちが窮状に陥るという負の側面もあったのですが、仕入れ企業にしてみれば市場価格よりも高い金額を払い続けることなど、福祉・慈善活動以上の意味を持っていません。

新聞を読むのも、仕入れ専門誌を読むのも、たいして手間はかからないものです。インターネットでネットサーフィンするだけであれば、もっと簡単にできます。しかし、こういうすぐできることでも、調べてみようとしない人がいるのですよね。結果は、もちろん自社の仕入れ価格だけが高いということになります。

そうやって、仕入れの失敗は続きます。

## 仕入れ条件を曖昧にしたがゆえの失敗

利益を下げる仕入れについて、最後に紹介したいのが私の失敗例です。

あるとき、半導体（マイコン）を購入しようとしたことがありました。これまで書いてきたように、数社の価格を調べ、市況を調べ、ある1社から購入しようと決めたのです。そのときは、他社が1500円くらいだったのに比べて、その1社は1000円くらいの金額でした。

通常であれば、その1000円で購入して、一件落着となるのですが、そのときはそうはなりませんでした。1000円の注文書を出したら、突然仕入れ先から電話がかかってきたのです。「これは2000円ですよ」と。

そのときの私の焦りようといったらありません。これまで相当な試験もしていましたし、工場の監査も実施しており、手間暇をかけていたからです。その結果が「他社より高い」とは許されません。

ただ、手元には「1000円」という見積りがあります。「何を言っているんですか。見積りどおり、1000円でしょう」と言った私に対して、相手はこう言いました。

「はい、見積りどおり2000円です」と。

そこで、見てみると、たしかにそう書いてあるのです。

「500個未満の発注の場合は、2000円とする」と。

しかも、誰も読めないような極小の文字で。500個なんて使う予定もありませんし、相手は提示どおりだといってはばからない。結局は、仕入れ先に乗り込んでいって、なんとか1000円にしてもらいましたが、この思い出は私の心に非常に残るものでした。

笑ってしまうでしょうか？

この売買という契約の世界では、紙に残ったことがすべてです。相手がどんなに非常識なことを言っていたとしても、それに気づかずに「わかりました」と合意してしまっては負けてしまいます。

実はこれも、売り手のテクニックの一つに数えられるものです。条件を思いっきり非現実的なものにしておいて、安い金額を提示する。そして、その条件から外れたといっては、高い金額にすりかえる。もちろん、このような悪しき仕入れ先とは長い付き合いができるはずもありません。ただ、そういうことを狙ってくる仕入れ先もあるということです。

実際に、仕入れ先の初期条件を見抜くことができずに高い金額に甘んじている仕入れ企業の例はあふれています。ここも、性悪説的に、相手を見ておくべきなのですが、プロの仕入れ担当者であってもなかなか徹底できていません。

実は、相手先の見積りの穴（や意図的な作為）を見抜くことは仕入れ担当者の一つの重要なスキルとして挙げられています。仕入れ先がこちらの条件を満たしていない項目はないか……、と一つ一つチェックしていくものです。消費者として、買い物をするときはこれほど注意が必要ではないでしょうが、やはり大きな金額を動かすプロであれば「相手から騙されていないか」をチェックする能力が必要とされるわけです。

## 納入時期条件にまつわる失敗

仕入れ担当者が失敗する例を三分類すると、さきほど紹介した「価格条件」に加え、

「納入時期条件」と「支払い条件」というものがあります。

まずは、「納入時期条件」のトラブルから。これは悲惨です。

例えば、ある企業があったとします。

今は8月で、客にある商品を販売したい時期が10月だとしましょう。そうであれば、仕入れ企業は当然、「10月に販売したい商品があるので、そのための仕入れをしたい」といって、仕入れ先から見積りをもらいます。そして、発注して、商品の到着を待っていても、なかなかやってこない。

仕入れ先に問い合わせると、「11月でなければ納入できませんよ」と言う。怒り出すと相手は、「契約書を見てください」と付け加える。そうして見てみると、細かく何項目も列記してある中で、何ページもめくったところに、「納入時期は発注から3ヶ月後とする」と書いてある。

あなたがインターネット上で何かの会員になったときのことを思い出してみてください。「利用規約」という何十行もの規則をちゃんと読んで「合意します」というボタンをクリックしていますか。おそらくそうではないでしょう。そこに記載されていることが、自分が思っている「常識」に相違ないであろうと信頼して、中身をまったく読まずにクリックしているはずです。だから、仕入れ担当者も毎回契約書を隅々まで読んでいられない。だから、気づかないわけです。

そして、11月になり、売り先のない商品が、仕入れ企業に山積みされます。「もう商品などいらないから引き取れ」という担当者と「こちらは条件にしたがって納入しただけだ」という仕入れ先。そんな不毛な争いがこの本を書いているときにも日本のどこかで始まっています。

## 支払い条件にまつわるトラブル

次に、「支払い条件」のトラブルです。これは、一般の方にはわかりにくい概念かもしれません。

あなたが何かを購入しようとするときは、現金で支払うはずです。あるいはクレジットカードかもしれませんし、デビットカードかもしれません。ただ、それは小口決済として翌月には支払われるはずです。

しかし、企業の金の支払い方というのはかなりさまざまです。まず、手形というのが使われます。手形というのは、これまた本当はまわりくどい説明が必要ですが、簡単にいうと「仕入れ企業の信頼において、銀行で数ヶ月後に換金できる紙切れ」のことです。その紙切れを発行するから、数ヶ月は現金化を待ってくれ、と。企業は支払いを先延ばしした方が財務的にはよいので、手形を使うわけです。

3ヶ月手形で払うところ、2ヶ月手形を発行するところ、あるいは現金と手形を併用するところ。いろいろです。1、2万円の少額ならばまだしも、数百万円、数千万円の金がすぐに現金でもらえるのか、それとも3ヶ月後にしか現金にできないのか、ということは中小企業に対して大きなインパクトを持つわけです。

当然、仕入れ先にとっては3ヶ月手形よりも2ヶ月手形の方がよく、2ヶ月手形よりも現金の方がよいに決まっています。

この支払い条件を最初に明確化していなかったがために、支払いが現金ではなく、手形であることを知り、騒ぎ出す仕入れ先があるんです。

「そんなに支払いを先延ばしされたら、社員の給料も払えない」とか「最初からこんな仕事するんじゃなかった」とか。まだ愚痴であればいいのですが、よくあるパターンは「それであれば値上げさせてください」というものです。実際、支払い条件の相違によって、思わぬ値上げにあって右往左往している例をよく見かけます。

そして、幾多のトラブルを経たものを消費者の手にやっと渡すことができます。仕入れ担当者は疲れることばかりです。

## 曖昧な条件にはツケがまわってくる

利益を下げてしまうのは、仕入れの条件が曖昧であるからだ、ということをここまで述べてきました。曖昧な条件にはいつしか必ずツケがまわってくるものです。

昨今では、中小企業のホームページなどを見ると、「支払い条件は現金のみ」とか「発注個数は何個以上」と明確にしてくれているところも見かけるようになりました。

これは、仕入れ先も無用なトラブルを回避したいためでしょう（もちろん極小文字でこちらにとって不利な条件を付記してくる悪質例は絶えないでしょうが）。ただ、日本独自の商習慣ゆえでしょうか、今でも、言いにくいものは最後まで曖昧にしておくという態度も蔓延したままです。

ちなみに、私が講演に呼ばれるときに、最初からずばり「何万円お支払いします」と言ってくれた人はいません。支払い時期や細かな内容を提示していただけた例は皆無です。

私は自分の仕入れ担当者としての経験から、遠慮せずにそういう条件を最初から明確化してほしいのですが、言いにくいためかなかなかそういうことを教えていただけません。あとで両者ともがっかりするよりはずっとマシだと思うのですけれど。

## 利益を上げるために必要な三つの条件

買い手は損をし、売り手は得をする。ときにはこちらの弱みや無知につけこんでくる、商売人たちの華麗なテクニック。

それらの典型例では、買い手としての意識をもっていないと、売り手のテクニックにはまります。気づかないうちに金をドブに捨ててしまうことになるわけです。

もちろん、世の中の仕入れ先の大半は、詐欺師ではありません。普通は信頼関係のなかで取引を行なっているのであり、買い手もすべてを疑っていたら人間不信に陥ります。それに、仕入れ先だって、買い手を騙すということは、短期的な取引しか望んでいないか、相当な覚悟のはずです。まともな精神の営業担当者であれば、買い手を騙して金を巻き上げることは心が痛むでしょうから。

ただ、先の典型例によって浮かび上がってきた「仕入れの失敗原則」はご理解いただけたことと思います。「騙す」とまではいかずとも、やや高い金額を請求し、買い手がそれに気づかないということはよくある話です。

では逆に、その失敗原則を超えて、利益を上げる仕入れを行なうためには、何が必要になってくるのでしょうか。

これも、私は三つのことを実践すればよいと思っています。

**1　安いところから買ってくる**
**2　安いものを使う**
**3　仕入れ品を上手く使う**

各論に入る前に、1と2と3の違いだけはわかりにくいかもしれませんので、少しだけ事前説明をしておきます。

パソコンを例にとりましょう。

スペックは何でもよいのですが、メモリー2GBでハードディスク80GBのノートパソコンがあったとします。そのスペックで、安い店から買ってくることが1です。

そこで、そこまでの性能は不要だからと、メモリー1GBでハードディスク60GBのランクが低く、それでいて自分の要求は満たすものを買うことが2になります。

また、一度買ったそのノートパソコンを1年で買い換えるのではなく、3年間使ったり、多人数で使い回ししたり、使い終わった後もどこかに高値で売却したり、ムダにしないことが3です。

この三つの組み合わせにより、利益の上がる仕入れを実践することができます。

## 節約ではなくエコロジー

これから順に説明していきますが、どうもこういう話をすると「なんだかケチくさいなあ」と感じられた方もいるでしょう。それは、それぞれの考え方や生き方にかなり左右されるかもしれません。それに、節約するために安い買い物をするなんて、なんだかカッコ悪いとまで感じた人もいるのではないでしょうか。

そこで、「利益を上げる仕入れ」は、実はエコロジーとつながっているという話をします。省エネ化や環境保護の観点から、できるだけ地球資源の浪費を抑える心がけが現在推奨されています。車はハイブリッド車に乗ろう、コピー用紙は裏を使おう、電気は消そう。

しかし、そのような活動の貴さを認めたうえで、やはり本気で地球のエネルギー消費を抑えたいのであれば、個人生活の小さな積み重ねよりも、企業の活動自体を縮小せねばならないということが明らかになってきました。

高価な商品、とはそれだけ作るのに手間がかかっているものです。手間がかかっているということは、機械がたくさん動き、人間がたくさん動き、資源をたくさん使うということ。注ぎ込まれたエネルギーは、安価な商品よりもずっと多量です。

ということは、エコロジカルな人・企業とはどんなものを指すのでしょうか。それは、購入する商品に、省エネルギーを要求することです。そんな商品しか購入しないことです。すなわち、買い物はその人・企業の要求を満たす最低限のものでなければなりません。最低限の消費と生産を行なわなければいけないのです。

要求を満たすもの以下を買わなければいけない、とまではいいません。だけど、不要なスペックを買ったり、客が不要なものまで作りまくったりすることは止めなければいけないのです。

と、ここまで説明して、「利益を上げる仕入れ」とエコロジーをつなげました。

仕入れにとって、自社の利益の最大化は、地球への最大の貢献でもあります。逆に、「利益を下げる仕入れ」とは反エコロジーでもあったのです。しかも、こちらも最低限のものを購入していれば、困ることもない。

仕入れが上手くなれば、利益が上がり、地球にも優しい。まるで、禅問答か怪しげな宗教説法のようです。しかし、それは「セコい」というイメージを覆す、コペルニクス的発想ではないか、とさえ私は思っています。

## 本当に安いところから買っているか?

まずは「安いところから買ってくる」こと。

これを聞いた瞬間に誰でも、「そんなのは当たり前だ」という感想を持つはずです。高いところから買うのではなく、安いところから買えばよい、などとは基本中の基本とも呼べないかもしれません。

講演に呼ばれて「仕入れ論・調達論」などというものを話した後に、参加者から「それで結局のところどうやったら安く商品を仕入れることができるのでしょうか」という質問をよくいただきます。

私が、「そりゃ、安いところから仕入れればいいだけですよ」と答えると、たいていはあっけにとられた顔をされるだけです。

安いところから買うなんてもちろん、当然です。ただ、実はそのことすらできていないところがほとんどだから、そういうしかありません。

例えば、どこでも使っている文房具を例にとりましょう。

その文房具について、果たしてどれほど価格の比較検証を行なったことがありますか。何社も比較したり、使用する頻度や要求条件から仕入れ商品レベルを検討したりしたことがあるでしょうか。ほとんどの場合は、既存の仕入れ先から購入を続けているだけのはずです。

こういうことをいうと、続けて「いや、今の価格でも十分に安いはずだ」という返答がきます。「だって、仕入れ先が現価格はギリギリだといっているから」だと。

そういう場合のほとんどは、十分安くありません。私が紹介した仕入れ先と比較してみれば、現価格がだいぶ高いことがわかってもらえます。

書籍のような再販制度に守られている分野は別としても、現在はインターネットが世の中の価値を教えてくれる時代になりました。家電製品であれば、価格比較サイトで最安値の量販店を探すのが常識になっています。工業製品でも、海の向こうの仕入れ先の価格を一瞬で調査することが可能です。

インターネットで検索するのにはさほど時間がかかりません。しかし、その効果は絶大なものがあるはずです。

以前、とある企業で現在仕入れている商品の価格が本当に最安値かどうか調べようとしたことがありました。特殊品ならともかく、汎用的なものであればインターネットで十分です。

コンサルタントを雇おうとしたらしいのですが、私のアドバイスは「その程度でコンサルタントに金をかけるのは、支出抑制の精神に反しています。まずは、無料でできるインターネット調査をしてみてはどうでしょう」というもの。

結果は、たかがインターネットで調査しただけでも、かなりの商品を割高で購入していることがわかりました。

インターネットで検索したもののうち、仕入れ先を変更できるものは、すぐに変更した方がいいでしょう。もちろん、これまでの取引の歴史上すぐに断ち切ることが難しい仕入れ先もあるかもしれません。ただ、それであれば少なくともインターネットで調査した価格をバックに値下げの交渉は可能なはずです。こちらが、既存の仕入れ先よりも安い商品を提供しているところを知るだけで、有利な立場を確保できるのは間違いありません。

日本人は、取引の慣習・歴史・情、というものを大事にしすぎるせいでしょうか。どうも、うすうす既存の仕入れ先が高いとわかっていても、変化を起こしたがらない性質のようです。しかし、それでも本当に高いところなら、買い続ける意義と意味が私にはわかりません。その仕入れ先のためにもなりませんし、高いという事実を教えてあげる方がずっと両社のためになると思うのです。

## 為替を利用する

また、絶対的な安さに加えて、相対的な安さを利用して、安く仕入れる方法もあります。最もわかりやすい例は、為替です。

為替は各国の通貨の強さ・弱さに加えて、投機的な背景、政治などによって日に日に変化していきます。

例えば、以前1ドル＝120円だった時代から、一気に1ドル＝90円まで円高になったときにこういうことがありました。

それは海外製の半導体の仕入れ先変更です。

例えば、それまでは日本の商社から400円の半導体を仕入れていたとしましょう。それは、3ドルのもので、実際は商社が3×120円＝360円で仕入れて、40円を加算して販売しているとします。

多くの場合、商社は為替が変動しても価格を左右させることはありません。円をベースに安定的に客先に提供するためです。ただそれは、円安のときならば客にもメリットがあるでしょうが、円高のときはそうではありません。

そう考えた買い手たちは、円高時にいっせいにドル取引に変更し、海外からの直接仕入れに切り替えました。そうすることで、何ら購入商品を変更することなしに、3×90円＝270円と130円も安く仕入れることを可能としたのです。

1個だけみれば、たかが130円ですが、実際の仕入れの現場ではそれを何万個、何十万個と仕入れているわけですから、そのメリットは多大なものでした。

円高といえば、輸出国家である日本にとってはなんら得するところがないと思われがちです。ただ、商品輸出だけではなく、商品輸入も考えれば、十分リスク対応をすることが可能といえます。外貨をもらってばかりいれば、円高は被害をもたらすものでしかありませんが、外貨で払っていれば、リスクは相殺できるというわけです（ちなみに、一番よいのは輸入と輸出を同等にすることです）。

日本人が海外に出かけて、「外国は物価が安いなあ」というとき、その背景には円がその通貨よりも強いこと（円高）があります。現地通貨での価格をただ知るだけでは、感覚として安いのか高いのかわかりません。多くの場合は、それを一度頭で自国通貨に置き換えることによって、価格の高低を判断しているはずです。

「中国の物価は安い」というとき、その発言は「自分が日ごろ稼いでいる通貨と比較して」安いという相対的なことにすぎません。

ユニクロが低価格フリースなどを日本市場で大々的に販売し、消費者に多大なインパクトを与えた背景には、中国での大量生産と大量仕入れがあったといわれています。円を元という通貨に換えることで、世界最安値の価格を実現していたわけです。その頃から、中国からの輸入はブームのような様相を呈してきました。今では、中国の通貨である元が高騰しているため、中国から輸入するメリットは以前ほど大きくはなくなってきたようです。そこで、今では仕入れ企業は着々と、次の中国を探しています。安い仕入れ先を探す迷路には出口がないのです。

## 時間差を利用する

為替を利用する方法の他に、地球の物理的な時間差を利用する方法があります。日本が昼のときに、地球の裏側は夜である、という誰でも知っている単純な事実を利用するわけです。

それはどういうことでしょうか。

世の中には、ささいな仕事でも請け負いたい人がたくさんいます。

ある国では、見向きもされない仕事であっても国が異なれば飛びつかれることがあるのです。例えば、日本で居酒屋のバイトが時給300円で募集されていたら、日本の大学生は誰も応募してこないでしょう（最低賃金などの議論はおいておきます）。ただ、それが発展途上国の人が見れば、時給300円でもすぐに応募が殺到するはずです。

ただ実際は、日本の居酒屋のバイトに、彼ら発展途上国の人々が殺到することはありません。そもそもそのようなバイトの募集を知りませんし、働きにくるにはとても交通費等がペイできないからです（もちろんそれでも、生活費を切り詰めて本国に仕送りするために日本に出稼ぎにやってくる外国人労働者たちはいます）。

ただし、彼らに知らせることができて、かつ交通費もかからないような仕事であったらどうでしょうか。それをトライしている企業があります。グローバルにビジネスを展開している外資系産業機器メーカーです。

そこでは、日本の客先からの要求がすごく厳しい。客に商品の資料を持っていくと、用意していた日本語訳済の資料では「足りないから、この資料も、あの資料も追加で明日までに用意しろ」と言われる。しかし、手持ちは英語版の資料だけ。これを明日までに徹夜して日本語訳して持っていくことはかなり厳しい。特急の翻訳を外注してもよいが、金がべらぼうにかかってしまう。

そこで、その企業は地球の裏側にある同僚たちに助けを求めることにしたわけです。日本で夜8時に客先とのミーティングが終わったとしても、地球の裏側にあるアメリカや南米の本社・支社では朝が始まったばかり。彼らにいっせいにメーリングリストなどで呼びかけ、翻訳の仕事を依頼します。

グローバルに展開する企業であれば、英語と日本語が両方できる人材はあふれているので、すぐに仕事の引き受け手は探せるのです。しかも、それは社員にとっては歩合制の仕事。やれば金にもなる。そして、特急で訳したものをメールで返信。日本側の社員は夜を徹することなく、朝出社すれば日本語に訳された資料がメールボックスに届いているので、それをすぐさま客先に提示できます。

これはもともと、突発的な客先要求に困り果てた社員が世界の同僚に助けを求めたことがきっかけだったようです。会社としても、社員に追加で金を支払うことになるのでしょうが、翻訳会社に払うよりもずっと低く抑えることができるうえに、何より客にスピーディーに対応できるという利点があります。

工夫次第で商品は安く買えます。

ただ、工夫もせず、安いところから買おうとも思わず、費用を抑えようとも考えなければ、それは実現しません。

まずは「安いところから買ってくる」ことに利益を上げる仕入れのスタートがあります。そして、スタートを切ったあと。次に出てくるのは、「安いものを使う」ということです。これも、「ケチ」「セコい」とは次元が違います。

真のエコロジストへの長いマラソンの折り返し地点にたどり着こうとしているのです。

## 客がわかる価値とわからない価値

私はホームページ等でメールアドレスを公開しているために、読者の方から感想をダイレクトにいただくことがあります。もらいっぱなしではなんなので、「面白かった」と言ってもらえた箇所をチェックし統計をとることにしました。

するとそれこそ面白いことがわかってきました。読者が面白いと思ってくれる箇所と、私が「こういう内容は面白いだろう」と思って書いた内容が、ほとんどの場合違うということです。

私の感覚と読者の感覚に差があるのだ、という話をしだすとややこしいので、その話はしません。ただ言えることは、作り手（＝私）が一所懸命に工夫しても、やはりユーザー（＝読者）に伝わる・感じてもらうことは非常に難しいということです。10を伝えようと思っても、実際に伝わるのは1くらい。さらに、その工夫している内容を味わってもらい、価値を感じてもらうことは、容易ではありません。

もちろん、作り手としての醍醐味はそこにあります。製造業であっても、客の見えないところにこだわりを満載し、職人心を満足させるという姿勢はあってもよいのでしょう。

ただし、そのような作り手のこだわりは問題を引き起こしがちです。

例えば、過剰性能。

作り手は、客の求めているものよりもだいぶ性能の高い商品を作ってしまいがちです。

あなたが、とある企業のパソコンを手にとったとしましょう。そのパソコンは、操作するための環境温度が決められています。保管時はマイナス20度からプラス80度まで。そして、動作時は0度から60度まで。

実は、この設定温度の幅によって、だいぶ商品の価格が変化してきます。それは、回路設計が難しいことに加え、内蔵されている精密部品が高価になっていくからです。0度までの保管にしか耐えられない部品と、マイナス20度までの保管に耐えられる部品では、価格が3～4割以上異なってきます。製造方法が異なっているわけではありません。

その精密部品を作っている仕入れ先は、温度範囲に応じた作り分けをしないのが普通です。できあがったものをテストして広い温度範囲でも使用できるものを選別します。このテストする行為にも当然コストはかかり、それらは広温度範囲商品を選別するためのものなので、その分が価格に上乗せされるわけです。

仕入れ企業である作り手は、客に少しでもよい商品を提供しようとします。だから、たとえ3～4割高かったとしても、客がさまざまなシーンでも使用できる商品を作りたがるのです。たとえ、客が南極探検隊で氷に囲まれた場所であっても、赤道直下の国でギラギラと太陽が照りつける場所でも、その商品を活用してもらえるように。

ただ、少し考えてみてください。誰が、氷の上でパソコンを開きメールをチェックするというような特異な状況に頻繁に追い込まれるというのでしょうか。あるいは誰が、灼熱地獄のなかで汗を流しながらインターネットを見たいというのでしょうか。

もちろん、そんな状況はありえない、といっているわけではありません。

また、例えば車中などの密閉された空間に放置されることで、そのような高温になってしまう可能性がゼロだといってもいません。その頻度は少ないだろう、といっているだけです。

もし、南極に行く人がいれば、それ向けの低温仕様で生産すればいい。灼熱のなかでネットサーフィンしたい人がいれば、それ向けの高温仕様で生産すればいい。なぜ、消費者みんなに同じ温度範囲の商品を提供せねばならないのか。むしろ、一般の人は、家庭やオフィスに置いておくだけだからそんなに広範囲の温度条件は不要で、価格が安いことが最大の価値ではないか。そう考えることができれば、3〜4割高い部品を排除することもできるはずです。パソコンの原価の大半を占めているのは、これら精密部品ですから影響は大きくなります。

しかしながら、日本の多くの作り手は、そうは考えません。消費者が極寒地にその商品を持っていったらどうしよう、異常に温度が上昇する部屋に入ってしまったらどうしよう。

などなどと考えることによって、その例外のために全消費者に提供する商品すべてを高価なものに仕上げてしまいます。

もちろん、パソコンはあくまでも例でした。過剰品質の例はこれ以外にもあふれています。保証期間は1年なのに10年くらい作動するように作ったり（もちろん、かなりの費用がかかります）、「消費者はコンパクトな商品を望んでいる」として莫大な費用をかけて多少サイズが異なる商品を作ったり。大企業であればあるほど、仕入れ商品に求める品質項目がガイドブックなみに厚くなっていますから、せっかく安い仕入れ商品を見つけても、その中の一つだけに合致しないからと使えないことは日常茶飯事です。

「高いものをいかに安くするか」と同時に「安いものをいかに使うか」ということを考えなければいけません。

ただ、こう書くと「その細かなこだわりこそが、日本の品質を世界一にした理由ではないか」と言われてしまいそうです。少しでもよいものを作ろうと地道に重ねていったことが今日の成果につながったのだと。

この議論は、たしかに正論です。日本人が、これだけ少量多品種のものを超高速で作り上げているのは、そのこだわりを通じてさまざまなノウハウを蓄積していった結果でしょう。質にこだわり、たくさんのものを作り上げ、次々新しいものを考える。それがある側面ではよい結果をもたらしたのは間違いないでしょう。

ここでは、一つの軸を持つべきです。仕入れ商品に求める軸が必要になっています。

それは、「客がわかる価値を最大化しているか」という判断軸です。どんなにスピードを上げても、どんなに頑張っても、未来永劫壊れない商品は作れません。どんなにスピードを上げても、次々に違う商品は開発できません。

性能のよい、味のよい、質のよいものを作ろうと思っても、果てはありません。どの程度で壊れる商品にするか、どの程度の種類にするか、どの程度の質にするかは、「客がわかるかどうか」で決めるべきなのです。

これは、客がわからなければどんなに手抜きをしてもよいという第2章のラーメン屋のおやじとは違います。

むしろ、客が価値を認めてくれ、金を払ってくれるところまでは、仕入れ商品を引き上げ、それをいかに安く買うかに注力すること。客が認めてくれる価値を超したときは、さっと仕入れ商品を引き下げ、適切な商品にするように努めることなのです。

その取り組みの一環として、現在では営業部門と仕入れ部門が一体になって、リサーチをしたり定期的な人員入れ替えを実施したりしている企業もあります。

ある百貨店では、仕入れ担当者が定期的に売り場に立って客と直接対話を繰り返すようです。販売部門だけではなく、仕入れ部門も客の生の声を聞くことで、最適な仕入れに役立てているといいます。ちなみに、この百貨店では、この取り組みを開始してから、「安くよいものが揃ってきている」という評判を勝ち取ることができたようです。

どうしても買い手や作り手は、よい商品を仕入れがちになります。そこを客というフィルターを通して態度を適正化していくのです。私だって、読者の声を聞かなければ、今頃、哲学的で高尚な文章を暴走して書きまくっていたことでしょう。

このような取り組みによって、少なからぬ企業・店は自分たちの暴走を止めようとしています。

安いものを使う、とは難しいことではありません。安いものは探せば誰だってすぐに見つけられます。一番難しいのは、それを使おうとする態度に変わることです。

ここで、「利益を上げる仕入れ」のマラソンは、折り返し地点を通過することができました。そして、ここからはゴールに向けて最後のフィールドに入ろうとしています。

## 仕入れ品を上手く使う

安い仕入れ先は見つかった。安い商品も使うことにした。最後に残るのは、その仕入れた商品をムダにせずに、使い切ることです。ムダな仕入れをしないことです。

ところで、非常に印象的なマンガのシーンを私は記憶しています。それは故・青木雄二氏の名作『ナニワ金融道』のものです。

主人公二人が、企業を営むある人物に300万円を貸しにいきます。借主は明日の生活にも困っていそうな人物です。主人公二人はその道中に食事に立ち寄ります。すると、300万円の札束から1万円を引き抜き、そこから食事代金を支払うのです。

300万円ではなく、299万円になっていることを知らない借主は、ありがたくその「300万円」を受け取ります。もちろん、「300万円」の領収書を残したまま。

このシーンは、『ナニワ金融道』のなかでも初期に出てきますので、同じく記憶に残っている読者も多いと思います。300万円です、と言われて差し出されたときに、本当に300万円とは限らない。社会にはこちらを騙そうとしている人がたくさんいる。しかも、気づかずに借金の証書を残してしまえば、こちらの落ち度となる。そういう社会の裏側を感じさせてくれるからです。

海外には防犯の観点から自動販売機があまり普及していませんが、悪質な自販機ではおつりさえピンハネするものがあるそうです。機械が騙すとは普通は思わない。その「常識」を利用しているのですね。

ただ、私がこれを読んだときに思い出したのは、ネジを仕入れていた頃のことでした。ネジって、あのネジです。あれを1000本くらい仕入れるときにどうしていると思いますか？　通常であれば、本数を数えて注文したとおりに納入されたことを確かめます。でも、ビニール袋に入れられたネジを数えてなんかいられません。だから、100本くらいの重さを量って記録しておき、その10倍くらいの重さになっているかを調べるだけなのですね（ちなみに、まったくそんな調査すらしない仕入れ企業もあります）。でも、本当に1000本納入されているのか？　あるとき、本数を調べたことがあるのですが999本とか、998本でした。仕入れ先に猛烈な抗議をしたところ、やはり意図的だったのか平謝りされました。

私はその経験からか、何かを差し出されたときに必ず数える性格になってしまったので、たまに相手に失礼な印象を与えることがあります。「私のことを信じていないのか」と思わせるようなのですね。たしかに、おつりを調べられるのはあまり気持ちがよいものではないでしょう。しかし、これも身についてしまった悪しき習慣の一つです。
もちろん、ネジの例はたかが1円とか2円の話です。ただ、注意しておかないと、少しずつでもムダ金が流出してしまう。これを抑制することが、ムダな仕入れをしないということなのです。

思い出してください。牛丼屋の例では、牛肉やつゆの量をちゃんと計測していました。ラーメンの麵を減らす不正の話でも、その量を把握していたからできた話です。その他に、飲食店では厳格な量を調理員に課しているところがたくさんあります。

飲食店でオーナーが店に出て働いておらず、管理だけを行なっている場合は、まず閉店後に調べることとは売れた個数に比して材料を余計に使っていないかということだといいます。一食1グラムでも余計に使っていれば、一日が終わる頃には相当な差異を生じさせるので、そこは徹底的に厳しくするわけです。

中には、一日何百グラム以上材料を余計に使っていたら、無条件に調理員をクビにすることができるという契約を結んでいるところもあるのだとか。それはやりすぎ感が漂うのですが、それくらい厳格に仕入れ品を使っているということを店・社内に感じさせようとする意図が感じ取れます。仕入れ品をムダにしてはいけない、という感覚こそ、最も大切な文化だからです。

## 一度作ったものは使い切る

また、やや私が書いてきたことと矛盾するようですが、リサイクルするというのも、大切になります。

一度市場に出して売れ残ったものを、少しだけ変更して再度売り出すことはよくなされるのでご存知の方もいらっしゃるでしょう。書籍でも書かれている内容はほとんど同じなのに、エキセントリックな表題で再度売られることもあります。

さらに、自動車。車台と呼ばれるプラットフォームを使いまわした新車開発が盛んです。ここはボディが乗るところですから、普通は目につきません。ただ、これにはものすごく開発費用がかかります。プラットフォームを作って、その車が売れなかったらもったいない。そこで、一度作ったプラットフォームは再利用され、顔を変え、内装・外装を変え、新たな車として販売されます。

一度作ったものは、絶対にムダにせずになんとか使い切る、売り切る。10万円のものを1円にして安くしてしまえば、誰だって売ることができます。ただ、そこで知恵を絞って価格をあまり下げずに売ること。これが求められているのです。

そのような意味でのリサイクルに加えて、余った材料の再利用も最近では盛んです。一つの商品を作ろうとするときに、どうしても材料の余りが出ます。鉄を使った商品を作ろうと思えば切れ端が出ますし、布でも同じです。それを中国などのスクラップ市場に売りつけます。彼らは切れ端の鉄だとしても、正規材料の半額ほどになるので買い集め溶かして再利用しています。ペットボトル等はリサイクル費用の方が高いと書きましたが、鉄のような高価なものは多少費用をかけても元が取れるようです。

特にステンレスなどの材料は、買い手がいくらでもいるのだとか。布は切れ端でも子ども用の服や、枕などの寝具用品を作るには十分なようです。売り手は余り材料を販売でき、買い手も安い金額で仕入れることができる。材料を専門にしている仕入れ先にとっては、売上げが下がる話なのですが、限られた資源を活用せねばならないという大義名分の下では許されることでしょう。

再利用という意味とは若干異なりますが、配送に関してもアイディアを盛り込ませる例が出てきました。

簡単にいうと、何かを運ぶときに行きはよいのですが、帰りは何も運んでいないのでムダだというわけですね。たしかに、荷物の重さによって多少は車の燃費が悪くなるとはいえ、それほどの問題ではありません。何も載せずに帰路につくくらいであれば、何かを運ばせた方がよいはずです。

そこに気づいた企業は、例えば海運であれば帰りに低額でも、何かを運ばせます。Made in Japan の家電製品をアメリカに運んだ後は、アメリカ産の小麦を載せて帰ってくるわけです。こうすることによって、輸送料金を無駄にせずに、帰りも費用を回収することができます。

今では、インターネットを利用した陸運利用も盛んです。あるトラックが九州から関東まで一人暮らしを始める大学生の荷物を運びます。すると、そのトラックの運転手のところには、同じく関東から九州の大学に進学する学生の情報が飛ぶのですね。そうすれば、行きも帰りもガソリンをムダに使わずに、さらに追加の仕事を受注することもできました。このオペレーションにはインターネットでの受注と、最適な運転手を選択するという電子システムが利用されています。しつこいのですが、これも発注者と受注者がともにトクをする取引といえるでしょう。

## 改善よりも工夫を

一度金を払ったものは絶対にムダにしてはいけない、という信念にも似たものが支出を最低限に抑えるのです。それは、仕入れ商品の数量の管理かもしれず、生産商品の使い切りかもしれず、あるいは配送の工夫かもしれません。それらは、一つ一つはたいしたことがないものの、まとまれば大きな効果をもたらすものです。

一つの商品の品質を改善することはとても大切なことかもしれません。ただ私は、このようなムダをしない工夫こそより大切だと考えています。地道に物事を積み重ねることができる日本人の習性を、仕入品の改善・向上にむけること。これができたときには、おそらく「利益を上げる仕入れ」のマラソンのテープを切っているはずです。

仕入れ次第で、利益はいくらでも上がります。そのことを知っていれば、明日からの買い物がきっと変わることになるでしょう。フルマラソンが2時間台から4時間台に分布しているように、その重要性に気づかないことはトップランナーとの決定的な差をもたらすのです。

# 第4章 利益と仕入れの無限の可能性

## 仕入れではまる盲点

私はこれまで、いくつかの仕入れにまつわる本を出版していますが、以前は仕入れに関する本は皆無といってよいほどでした。

もちろん、アカデミックな内容のものはあったのですが、コンサルタントや大学教授の書いているものは、どうも現実的ではないと感じました。その違和感の源泉は、仕入れの担当者からすれば「こんなに理屈どおりにはいかねえよ」という正直な感想を持ってしまうところにありました。

そこから私はこれまで書いてきたとおり、現場の人間しか知らない内容を書くように努めているわけです。何も理屈どおり売り手の価格が決定されるわけではありません。理屈どおり買い手が希望価格で買えるわけでもないのです。そこには、売り手と買い手それぞれの理屈を超えた思惑がぶつかり、騙しあいにも似た知的な遊戯があります。

上手く仕入れるための工夫はわかった。では買い手たちが、どのような失敗をこれまで経験してきたのか。理屈もルールもテクニックも知っているはずの仕入れ担当者がはまる盲点とは何か。

そういうことを通じて、裏側のより深いところにみなさまを案内していきます。

## 常識はずれの仕入れ先

まず、信じられない仕入れ先に出会うことがあります。それは、社会人として、企業として、「なっていない」人たちがこの世には存在するという意味です。

私の知人の仕入れ担当者の例を話しましょう。

仕入れ商品は電子部品。相手は海外の仕入れ先でした。知人は、あるときその仕入れ先の異変に気づきます。モノを発注しているのに、まったく納期どおり納入されない。不良品が納入されて、つき返しても何とも言ってこない。客先でトラブルがあり、原因がその仕入れ先の部品だったので、解析を依頼しても「できません」「そんなことはしません」の一点張り。

日本の仕入れ先ならば「ありえない」対応に業《ごう》を煮やした知人は、アメリカにあるその本社まで乗り込んでいきました。長旅を終え、仕入れ先に到着し、受付のドアを開けたとき。知人は、「そもそもこんなところに発注している自分たちの愚かさ」を知ったといいます。

受付には、等身大のプレデターのぬいぐるみが置いてあったそうです。

そして、通されたオフィスの廊下にはキャラクターものの仮面が所狭しと飾られている。「こんなに飾ったら社長が怒るだろう」と尋ねてみると、「社長の趣味だ」という返事。社員はヒッピーかバンドマンくずれの風貌。

やっと会議室に通されたかと思えば、突然消える照明。あっけに取られている知人。しばらくすると、ミラーボールがまばゆい光を放ちながら下降してくる。と同時に、部屋が明るくなり、ダース・ベイダーのお面をかぶった社員が登場。すると、社員が一斉に立ち上がり、「Yeah! Welcome!」と大合唱。みなが笑いながら大拍手。

これが品質トラブルのクレームを申し入れに来た仕入れ企業に対する「厚遇」だったとすれば、見上げた根性だといってもいい。

知人は笑いもせず、交渉を淡々と進めようとしました。が、まったく相手は聞く気もなく、一日が過ぎていったそうです。何度お願いしてもムダ。何を言っても「ノー」の返事。

その仕入れ先は技術の先進性で有名なベンチャーなので安心してしまっていたところもあったようです。知人も、ここまで対応がひどく、品質に関して無能なところとは想像もできませんでした。「ある程度予想はしていたが」と知人は言います。「その予想をはるかに超えるところとは『予想不可能』だった」と。

私は運よく、ここまでファンキーな例に出会ったことはありません。ただ、近い例はいくらでもあります。

「靴だってなめますんで、どうか買ってください」と懇願してきた営業マン。しかし、買った後に、その商品が市場で自然発火してしまうというとんでもないトラブルが発生。私が「今すぐ来てくれ」と営業担当者を呼び出すと、「もしかすると、その発火はそちらが規定外の使い方をしてしまったからではないか」とこちらを疑いはじめ、挙句の果てには「わかりました……、ではお伺いしましょう。ただ、この分の交通費は出してもらえるのですか」と訊いてきました。

もちろん、この仕事を最後に出入り禁止にしてしまいました。ただ、悔しいのはせめて、本当に靴をなめてもらってから取引を開始すればよかったことです。もうどうでもよいのですが、この仕入れ先はトラブル収束後に、「緊急対応の電話・FAX代は、どこに請求すればよいでしょうか？」と真顔で問い合わせてきました。

こういう話は個人的な恨みもあるので、いくらでも書けます。

大半の営業担当者はまともな人たちなのですが、その例外のためにえらく時間が浪費されてしまいます。

さて、これだけではエピソード集になってしまうので、こういう失敗を踏まえた先進的な取り組みも紹介しておきましょう。

## 「企業姿勢」という新しい基準

従来、仕入れ担当者が仕入れ先に求めている基準軸には、「品質」「価格」「納期」「商品力」というものがありました。それぞれの軸に対して、仕入れ先ごとに点数をつけ、どこの仕入れ先が優れているかを比較し、仕入れ先決定に役立てようとするものです。

これらは古くからある評価ポイントで、効果を発揮してきました。しかし、同時に無力さも露呈することになってきたのです。売り手が特定の買い手だけを相手にしている時代であれば、これらだけでもよかったでしょう。

ただ、現在は売り手も限られた人員のなかで、買い手を選別する時代になってきました。言葉は悪いのですが、「儲かる企業には、力を注ぎ、一流の営業担当者を送り込む」「どうでもよい企業には、力を抜き、三流の営業担当者を送り込む」という選択と集中をしているのです。

この時代の潮流に対して、買い手側は「企業姿勢」という基準軸を新たに持つに至りました。それは、「品質」「価格」「納期」「商品力」ということだけでは表現できない、企業間のコミュニケーション力を把握するものです。

「企業姿勢」とは、例えば電話の応対に表れます。電話は必ず3コール以内に出てくれること。緊急の調査事項をお願いしたときには、必ず30分以内に回答してくれること。乱暴な対応はせずに、きちんとした礼儀を社員が身につけていること。無理な依頼をしても、それに応えるべく動いてくれること。

このような事柄のうち、自社にとって必要なことを抽出し、あくまでも自社の重要度によって評価する、ということが実践されています。もしかすると、その企業にとっては商売をしている市場の変化が激しく、仕入れ先に対して突発的な依頼ばかりかもしれない。そうすれば、「電話は必ず3コール以内に出てくれること」は絶対事項になるでしょう。

また、その企業が非礼な仕入れ先と仕事をすることで効率を半減させてしまうほど、高潔な人にあふれているかもしれない。だとすれば、「きちんとした礼儀を社員が身につけていること」は、それこそ絶対事項となり、どんなに優れた商品を提供できる仕入れ先でも「仕入れ先」として認めることはないでしょう。

この「企業姿勢」という軸を持つことは、仕入れ先に対する強いメッセージとなっていくのです。こういう軸を最初から持っていれば、プレデター愛好家の仕入れ先と付き合うこともなく、何より気分を害さずに済みます。

## とんでもない身内

とんでもない仕入れ先に続いて、とんでもない身内について話をしましょう。

利益共同体としての企業は、その構成員に対して、共同体が最大利益を得ることができるような行動を命じています。それは、職場に入れば、いったん私益は忘れて、集団の利益のために邁進《まいしん》することです。

今では薄れてきたようですが、「会社のためだ」といって身を粉にして働き続けたサラリーマンの古い倫理観も、共同体への忠誠心ゆえでした。多くの組織論が明らかにしたように、集団への忠誠を誓いすぎた社員たちばかりになると、とんでもない非社会的な行為に走ることもあります。公然と偽装が行なわれたり、隠蔽《いんぺい》体質ができあがったり。

そこは個々人の道徳心に期待するしかありません。賞味期限切れの食品をシールだけ貼り替えて、市場に出していた人。建築物の耐震強度が基準を満たしていないと知りながら、それを造り続けていた人。もちろん、こういう現場の人は批判を免れないでしょう。

ただし、あえていうと、私個人としてはその現場の人たちを責める気にはなれません。現場の人たちは、上に命令されるままに、少しでも組織の利益につながると信じてやっていたのではないか。その不正に対しては個人として立ち上がるべきだ、という意見もあるでしょう。そのような職場は辞すべきだ、という意見もあるかもしれません。ただ、私はさまざまな不正が溢《あふ》れる職場で、何も言うことができない人たち――明日生きる金にも困り、倫理や道徳の以前に「食わねばならない」という圧倒的現実に直面している人たち――がいることを知っています。

だから、それらを指示したトップは批判できても、現場の人たちはどうも批判できない。自分のためではなく組織のためにやっていたのであれば、許してやれないかとつい思ってしまうわけです。

そういう私の倫理観を好ましくないと思った方でも、「組織のためではなく、自分のためだけに不正を働いた」社員がいるとしたらどうでしょうか。これは共通の敵とみなしてくれるはずです。私が最初に書いた「とんでもない身内」とは、こういう種類の人間のことです。

## 万引き一個で数十個分の売上げが飛ぶ

身近な例から始めましょう。

以前、あるコンビニの店長と話をしていたときのことです。

「一番万引きをする人って誰だと思う?」と訊かれるので、「学生? いや、サラリーマン? もしかしたら主婦っていうのもありそうですね」という答えをしたところ、「違うよ。バイトの店員だ」と返ってきました。

どうやら、そのコンビニでは最も利益を減らす悪玉となっているのは、アルバイト店員のようなのです。

そこから小売業に携わっている友人の何名かにも同様の話をしてみました。すると、同じことをいうのです。「最も危ないのは身内だよ」と。

見た目の恐い人が万引きしていて、それを注意できない、くらいであれば微笑《ほほえ》ましいのですが、店員自身が万引きしてしまうのだから救いようがありません。

スーパーなどでは、女子高生がレジに立つことがあります。そこで、その彼女の友人がレジに並ぶと、そのまま素通りさせるようなこともあるようです。後ろに客が並んでいたら、そんな芸当もやりにくいでしょうが、時間帯を選べばやれないことはありません。それに、後ろに客が並んでいたとしても、同じものをまとめて購入すれば、レジ係が本当は30個のところを10個と計算してもわかるはずもありません。

スーパーでは、この不正を抑制するために、レジ係ごとの売上げをしっかりチェックしたり、客の様子をうかがったり、商品ごとの保有数を管理したり、レジにも監視カメラを設置したりしています。

小売業は利益が1～2％程度であることは珍しくない、と書きました。そんな低利益の商売で、何か一個を万引きされたとしましょう。そうすると、単純計算で50～100個ほどの売上げ分利益が吹っ飛ぶことになります。

せっかく安く仕入れることができたとしても、その仕入れ商品を盗まれてしまってはどうしようもありません。これは、前章（仕入れ品を上手く使う）ともつながっているテーマです。

かつては、中国にモノを運ぶと必ず数が少なくなってしまう、ということがありました。他に転用できそうなケーブル類や貴金属は、100個送っても、なぜだか90個しか届かない。しかも、それを保管庫に置いておくと、さらに80個になっている。私が付き合っていた中国業者か現地のスタッフが悪かったのでしょう。すっかりなくなってしまうこともありました。

その他、各仕入れ担当者たちは、現場で働く外国人労働者たちから備品を盗まれたり、材料を奪われたりした経験を持っているようです。

ただし、私は外国人労働者だけを批判しているわけではありません。外国人と日本人とでは質が異なる、という意見もあるでしょう。しかし、コンビニの例しかり、スーパーの例しかり、ホワイトカラー、ブルーカラーにかかわりなく同じような例が散見されます。

「文房具やコピー用紙は、自分で買うものではなく、「会社から持ってくるもの」という意識の人もたくさんいます。微々たるものであっても、これは社員万引きの一例です。一般的に会社にある文房具は使いにくく効率が落ちるため、私はとても使っていられないので、個人の手に合ったものを探すべきだと思います。しかし、まあそういうことを気にしない人もいるのでしょう。ただ、だからといって会社のものを盗んできてもよいということにはなりません。

企業は、これまた多くの監視コストを払って、社員たちに盗ませないような仕組みを作っています。使い切ったペンを持参すれば、新品を得ることができたり、もしくは、一つ一つに申請用紙を書かせたり。信頼があれば、こういう手間暇はすぐにでも軽減されるものです。こういう手間暇は、まさにコストに直結します。

## 仕入れ先からの便宜供与

また、万引きという観点とは若干異なりますが、仕入れ先からの接待についてもふれておきます。つまり、仕入れ担当者が仕入れ先から接待・便宜を受けることによって、多少高くても発注を決定してしまうことがあるのです。これは、万引きではありません。ただし、自分がいい思いをしたからといって、会社の金を使って高い買い物をするのですから、よいはずがない。

大型の案件が浮上してくれば、仕入れ担当者を高級料亭などに招待したり、接待ゴルフを繰り返したりしていることは想像がつくでしょう。読者の中で、営業を担当している人がいれば今週末もそのような予定で埋まっているかもしれません。

あるメディア系企業の部長から聞いた話です。バブル経済に浮かれていた頃、その部長が地方に出張するたびに、仕入れ先から「女はどうしますか?」と訊かれていたそうです。もちろん、その便宜の見返りに、仕入れ先は多額の受注を勝ち取っていました。

これほどわかりやすい例ではなくても、現在でも色仕掛けの営業活動がさかんな業界もあります。とある半導体企業の営業担当者は女性ばかり。どうみても、採用基準の一つとして「容姿」に重きが置かれているとしか思えないのです。しかもミニスカートで客先に営業にくる。さらに滑稽なのは、その女性たちの営業につられて発注を決めてしまう仕入れ担当者たちです（商品が悪いといっているわけではありません）。

取引のなかでその仕入れ先が失敗をしてしまうと、年老いた上司が必ずやってくるそうです。「すみません。この娘の頑張りに免じて許してやってください」なんて三文芝居を演じたりして。隣で「ぐすん、ぐすん」とその娘が涙ぐんでいるから、仕入れ担当者は何も言えなくなってしまうそうです。むしろ、彼女を責めようと思っていた自分自身を反省してしまうのだとか。

ちなみに、取引が順調に進むと、そこからはおじさん営業担当に替わるらしいです。

これまで、官への民からの便宜供与ばかりが報道されてきました。ただ、当たり前というべきか、民同士の便宜供与もさかんです。それは、税金を無駄に使っているわけではないという理由で非難されてきませんでした。

とはいえ、一つの企業体から見れば、利益を低下させてしまう悪玉であることは間違いありません。

万引きであれ、接待であれ、従業員の一人ひとりが自分の利益だけを追い求めれば、全体としては最大利益とはならないのです。

企業は、仕入れ対策として発注企業を決定するまでのプロセスに、多人数を投入しはじめました。一人が決定するのではなく、さまざまな観点、例えば違う仕入れ担当者だったり、販売部門だったり、製造部門だったりが決定に際して意見を持ち寄る仕組みです。一人の思いだけで決定せずに、全体の決定とすることで、不正を防止しようと努めています。

どんなに倫理観のある人でも、目の前に１００万円ぶら下げられたら、心が動いてしまうかもしれません。そのような、魔が差す状況を回避するためには、やはり群の知恵が必要になってくるというわけです。

## 気づかない毎月の引き落とし

ミニスカートの話の後に、味気もない私事で恐縮ですが、子どものころ本屋のない街に育ちました。知識欲の旺盛だった私は、本屋のある遠くの街に行ったときに、内容にはかまわずに雑誌をむさぼり読むことにしていたのです。そうやって、およそ子どもにふさわしくない雑誌も読むことになります。

そのなかでも、私の心をとらえたのは、『ラジオライフ』という雑誌でした。ご存知の方もいらっしゃるでしょうが、これは現在でも発行されているもので、毎月裏情報を扱っています。当時、私にとって最も面白い記事は、全国各地をまわって、その土地ごとに読者が自身の自慢の一品を見せあうコーナーでした。

ある月に読者の一人が「無料の移動電話」を紹介していたことが忘れられません。もちろん、現在のように手のひらに入る携帯電話など登場するだいぶ前の話です。今にして思えばその電話は携帯するにはだいぶ大きかったように思います。ただ、何といっても「無料」なのです。

やや記憶が曖昧ですが、その読者曰く「(どこかの)会社で拾ってきたもの」らしく「Q2以外であれば、どこでもかけられる」ということを言っていたのを思い出します。そして、解約されないまま今日に至っている、と。つまり、彼は落ちていた移動電話を使って、電話をかけているというわけです。

「無料の移動電話」――。

記事については正確な記憶を欠いている私ですが、そのときの自分が受けた印象についてははっきりと覚えています。それは、「ああ、なんて恐い」というものでした。人の金をどこかで勝手に使っている人がいるのだなあ。会社ってきっとたくさん金の出入りがあるからわからないいんだろうなあ。自分の口座は大丈夫かしら？ などという晴れることのない疑惑の念を頭の中でぐるぐるとまわしていました。お年玉の2万円ほどしか預金されていない通帳をまじまじと見つめていたものです。もちろん、その読者の行く末がどうなったのかは知りようもありません。

そして近年、ＡＳＰという一部で流行の言葉を聞いたときに、真っ先に思い出したのは、この「無料の移動電話」のことでした。

ＡＳＰとは、Application Service Provider のこと。早い話が、月単位などでサービスを貸し出すことです。

例えば、あなたが大容量のサーバーにブログを書きたいとしましょう。一からシステムを構築するのは面倒ですし、どこからかシステムを買ってくるにしても費用が莫大だとします。すると、どこかの業者は月に２０００円で貸し出していて、あなたはそこと月契約を結ぶことにします。この業者の仕事こそがＡＳＰなのです。

思うに、私たちはＡＳＰという名の固定費にかなり金を払っています。拡大解釈してＡＳＰを定義すれば、水道代・電気代・新聞代・ガス代・衛星放送受信料・ケーブルテレビ受信料・電話代・ネット接続料……、とキリがありません。

人によっては、有料メルマガ・定期購読雑誌・宅配CDレンタル・オークション参加料などというASPに費用を払っている人もいることでしょう。

営業のテクニックとして、このASPは非常によくできたツールだといえます。

例えば、年間分を一括で6万円ほどかかるのであれば支払いをしぶる消費者も、月額5000円ならば支払う気になるからです。一回一回の引き落とし額が少ないから、気にもしない、あるいは引き落とされていること自体気づきもしない。解約するのも面倒だから、そのままにしておく。一度売ってしまえば、継続的に金が入る可能性が高いとは、なんと優れたツールでしょうか。

実は私にも失敗談があります。

私は、かなり継続性が高い方で、なんでも一度やり始めると途中で投げ出したりしません。ただ、人間なので例外もあります。だいぶ前に一度、体を鍛えようとジムに入会したのです。最初のうちははりきって励んでいたのですが、仕事が忙しいという自分への言い訳によって、ジムに行かないことを正当化しはじめました。

新たな仕事が舞い込み、かつ長期間行かなかったものですから、入会していたことさえ忘れてしまっていました。しかし、月額制ですから、クレジット会社を通じて口座からは毎月金が引き落とされていました。一年近く意識しなかったのも、このASPという仕組みのすごさです。

さらに、ASPのすごさに加えて、クレジット明細には「ご利用内容」のところに、ジムの名前ではなく、そのジムを運営する会社名が記載されていました。その名前がまるでどこかのレストランの名前と勘違いさせるものだったのです。もし、このことまで計算して名づけたのであれば、非常に戦略的といわざるをえません。

## 会社の固定費を減らす方法

仕入れる、とは非常に能動的な行為です。自分が何かを選択する、というときには必ず意思が働きます。そして、それを仕入れるべきか否かという判断がその都度なされているはずです。しかし、このASPの前では、自動的に金が引き落とされていく分、なかなか意識的になることができません。

個人の買い物だってそうなのです。会社であればなおさらでしょう。

会社は、より複雑なASPに覆われています。すでに景気が上向いたときであっても、不景気時代に雇ったコンサルタントたちと月額契約を結んでいる企業。誰も読みもしない業界紙をただただ取り寄せている企業。もう使える技術者がいないのに、古い作図ソフトのＩＤ登録を継続している企業。本当に必要性があるのかわからないＡＳＰがいくらでも見つかるはずです。

企業内の固定費を減らす最も簡単な方法は、これらのＡＳＰを明らかにしていくことに他なりません。従業員数が数千を超す企業にお勤めの方がいらっしゃれば、前述の「無料の移動電話」が存在しない、と言い切れるでしょうか。

## ＡＳＰよりも都度払いに

人間は「愉しいと思えること」か「やらされていること」「食うためにやっていること」しか長く続きません。継続を前提とするものは、ほとんどの場合うまくいかないのです。しかし、そのくせ、何かをやり始める決定をしたときには、その決意がずっと続くと思っています。ここにＡＳＰのうまさがありました。

これを打破する簡単な方法は、都度払いにあります。年間費の方が安いとわかっていても、例えばジムなどを利用するときは一回ごとの料金を支払って試してみること。英語学習雑誌をいきなり購読するのではなくて、自分の勉強の熱意がしばらく消えないかどうか、まずは月ごとに購入してみること。そういうことを重ねた後に、自分にどうしても必要なものだ、とわかればASPを利用すればよいのです。

私は持ち家よりも、借家の方がマシであることの方が多い、と書きました。そうだとしたら、家賃こそASPではないか、と思う方もいらっしゃるでしょう。しかし、持ち家では同じく月払いのローンが残るだけのことです。住む、という必要最低限のASPすら否定したいわけではなく、できるかぎり排除することを勧めています。マイカーでも、同じことでしょう。

ちなみに、その家賃というASPすら拒否したい（せざるをえない）人たちは、友人宅を渡り歩いたり、ネットカフェで都度精算したり、公園で寝泊りします。ネットカフェのこの都度精算方式は、月額制度を不要とする層を対象に大きな市場を形成してきました。ネットカフェの客は場所代だけを都度払いしているわけではなく、雑誌・マンガ代、飲食、テレビ・映画などの娯楽代、電気・水道代すら都度払いをしています。

否定的に報じられることの多いこの寝床提供商売を、私は新たな家賃制度の成立としてとらえています。

一括買取制から、月額サービスにいたるまで、さまざまに商品は進化してきました。しかし、その月額制とは、買い手側の意思を働かせなくするという問題を孕《はら》んだものともいえます。もちろん、絶対必要なものは毎月確認せずに済むという利点も大いにあるわけですが、不要な出費を増やしがちでもありました。

ネット難民こそが、生きるという行為にかかる最低限のASPすら排除しようと努めている象徴なのだ、とまで言ったら大袈裟《おおげさ》すぎるでしょうか。そして、固定費削減の最大のお手本だ、とも。

## 最初のハードルの低さに騙されるな

さて、気づかないうちに金を払わされている「落とし穴」にはもうワンパターンあります。違う観点から見てみましょう。

さきほど、雑誌『ラジオライフ』の話をしました。雑誌だけではなく、私は本も大好きです。特に、営業担当者向けの本が面白い。もちろん、私は営業担当者ではありません。ただ、世の中の売り手たちがどのようにして売ろうとしているのか、相手の思考法を知るにはうってつけだと思うのです。

ある本には、「客先にしつこく出向き、誠意を見せるのが基本」と書いてあります。しかし、違う本には「客には頭を下げるな。売ってください、と言わせろ」と書かれてあったりします。互いの本は矛盾したことだらけで、なにをやっても、自分を信じてさえいれば大丈夫な気がしてきます。

しかし、そのなかでもあることは共通して勧められており、その内容に関しては私もたしかにその通りだと納得してしまいました。

それは、「客に対して最初のハードルはうんと低くしておけ」ということです。

最初は赤字でも無料でも客を呼び込んで、檻に入れ、吸い込むように自分たちのフィールドに誘い込んでいく。そうすれば、その客は離れられなくなり、単なる客ではなく「優良顧客」となってくれる、と。こういうことが共通して書かれていたのです。

自分自身の買い物の経験からいっても、CDショップでサンプルのCDを無料でもらったあとに、ファンになったバンドは数え切れません。その無料CDがきっかけで私はいったいどれくらいの金をそのCDショップに支払ったでしょうか。さらに、家電量販店では、超特売品のUSBメモリーだけを買いに行ったはずなのに、金が浮いた気分になって隣にあったデジカメを買ってしまったことも。

思い出してみるに、老人たちが多く住む街に出かけていって高級着物や高級羽根布団を売りつける集団がいます。彼らの商法も、最初は老人に無料でプレゼントを配りまくり、信頼させたところで別室に連れて行き、高級商品の購入を断ることができないように仕向けていったのではなかったでしょうか。

これほどひどい悪徳商法と一介の営業担当者への指南書の内容を同一視するのは問題でしょう。ただ、彼らが売りつける手法の本質は一緒だと思うのです。「客に対して最初のハードルはうんと低くしておけ」ということは。

## 目玉商品の「ついでに」買わせる

ディスカウントストアのチラシに大きく取り上げられる「目玉商品」というものがあります。これは、本当に目玉商品だけを売りたいわけではなく、それを買いにきた客についでに何かを買わせたいわけです。

スーパーでは、毎日のように特売商品を陳列していますが、その特売商品の隣には利益率の高い商品を置いておくのが普通だそうです。特売商品を手にとって得した気分になっている主婦（主夫）たちの心情を利用して、それもついでに買わせようとしているわけですね。特売のタマゴだけカゴに入れて、その他は何も買わないという人がどれだけいるでしょうか。

最も買い手の財布の紐が緩む瞬間が、レジに商品を持っていったときだといいます。だから、多くのレジまわりは「ついでに」買いたくなる商品であふれかえっているはずです。これも最初にハードルを低くしておいて、支払い時には見込み以上の金を払わせる典型例でしょう。

企業にいて仕入れを繰り返しているなかでも、営業担当者が「試しに使ってみてくださいよ」というセリフを口にする機会によくでくわします。これも、前述の応用パターンにすぎません。試しに使わせているうちに、買い手の心理的バリアーを下げようとする試みです。こちらも、「もらえるのであれば、使ってみるか」という気持ちになってしまいます。無料かどうかにかかわらず、その商品が本当に将来必要になるのかを冷静に判断することが必要なのですね。

## 「ついでに」買わせることの有効性

ちなみに、なぜ「ついでに」買わせることが売り手にとって有利なことなのでしょうか。

それは、販売コストが削減できるからです。

第1章では、商品を一つ販売するときに、販売にかかる人件費が発生することを学びました。逆に、同じ手間であれば、100円のものを売るよりも200円の方が、200円のものを売るよりも300円の方が、それぞれ利益率が上がることも学んだはずです。

よく巷《ちまた》では、「販売実績100万個！」などと個数で騒いでいますが、それが「100万人に一つずつ販売した」のか「1万人に100個ずつ販売した」のかでまったく意味が異なってきます。

例えば、さきほどスーパーにタマゴを買いにきた客がレジ前に置いてあるガムもついでに買ったとしましょう。そうしたとき、タマゴだけを買う客と、ガムだけを買う客が別々にいるときと、まとめて買ってくれる場合とは販売コストが違うのです。別々ならば、おのおのにレジを対応し、スーパー袋を渡すまでの人件費がかかります。しかし、ついでに買ってくれるのであれば、ほとんどレジ係の人件費は変わりません。

私も子どものころは、「なぜ同じ商品を買うのに、たくさん買った方が安くなるのだろう」と素朴な疑問を持っていましたが、販売コストという概念を持てば理解できました。

スーパーでもビールを1本買うよりも、ダースで買うほうが安く買えるのは、こういう背景があるのです。

マーケティングの常識として、「新規顧客をつかまえるのは、既存顧客から再度買ってもらうよりも、倍以上のコストがかかる」といわれています。

これまで自分たちのことに気づかなかった潜在顧客に対して宣伝を繰り返し、店まで足を運んでもらうには相当の費用がかかるものなのです。販売コストだけではなく、宣伝・営業・マーケティングのコストまでを考慮すれば、売り手にとっての「ついでに」の重要性がよりわかってもらえるのではないでしょうか。

繰り返しになりますが、

**●売り手は初回にはうんと低い金額で売ることで、買い手を安心させようとする**
**●買い手を安心させたあとに、他のものをたくさん売って儲けようとする**

つまり逆にいえば、こういうことに気づかないことが「落とし穴」であるとおわかりでしょう。

スーパーのようなわかりやすい例だけではなく、さまざまな発展系が世の中には存在しますので、買い物のときに注意して観察しておけば面白いでしょう。

スーパーやディスカウントショップのさりげない商品の配置も、実は裏でかなり計算された「誘導ルート」に基づいています。いかに客を目玉商品までたどり着かせ、そしてレジに進むまでにその他の商品に目を奪わせるようにしていくか。こういうことを考えるプロもいるくらいです。

日本人は仕入れ・買い物といったもののリテラシーを学ばないのが普通ですから、そういった観点で世の中の売り手たちを眺めてみるのも勉強になるはずです。

ちなみに、今日どこかのレジで手に取った商品は、本当に必要なものでしたか？

## 購入代金より高い修理代

ここまでよく書いてきたように、私は家電量販店に行くことが好きです。休みの日や、時間の空いたときなど、よくぶらっと入っては暇をつぶします。一つ一つの新商品が、時代の移り変わりを感じさせてくれるからです。文化や政治ではなく、一つの商品で私たちの生活は変わっていくと私は信じています。

政治家が参加するサミットなどの報道を耳にすると、私たちの生活がそのようなことに影響されて変わっていくのかもしれないと思うかもしれません。ただ、やっぱり、そんなことよりもｉＰｏｄの方が、ずっと私たちを変えてくれるのです。

新商品の登場とは、まさに私たちの生活の移り変わりの象徴かもしれない、などと、難しいことばかり考えているわけではありません。ただただ、愉しみながら歩き回っているだけです。

そうやって歩き回っているとき、最近よく「保証期間延長サービス」というものを見かけます。商品の購入時にいくらかの費用を払えば、メーカーが保証期間として設定しているものより長く無償で修理を受け付けますというわけです。

私も家電製品を買うのが好きですので、このサービスに加入していた時期がありました。しかし、今ではほとんど加入しません。パソコンのディスプレイが壊れたとき、勇んで持っていったところ、「これは保証範囲外です」と言われ、結局新品を買いました。「輝度低下は経年劣化です」と言うのです。その他に「お客様の不注意による故障は対象外です」とも。

果たして、「経年劣化」でもなく、「不注意」でもない故障とは一体何なのか？　そして、それを証明できるのか？　と考えた際に、保証期間延長分の金がもったいない気がしたのです。今では家電製品も安いし、店員と不毛な言い争いをするくらいであれば、その時間コストを考えて新品を買った方が精神的にもラクです。

そういう私の意見を知ってか知らずか、今では家電製品が壊れたからといって、修理に出そうという人はほとんどいなくなりました。「保証期間」とは、「無料で直してもらえるならば、それに越したことはない期間」という程度のもの以上ではなくなってきました。ゆえに、その客のお得感を演出するために、「保証期間延長サービス」が誕生したと言ってもよいくらいです。

## 修理・保守で儲けるビジネスモデル

その一方で修理するしか方法のない商品もあります。それは、修理代が新規購入代より安くなるようなものです。

家の壁が一部剥がれたからといって、家を新築する人はまずいないでしょう。大工さんを呼んで張り替えてもらうはずです。それと同じように、代替商品を買うことがたやすくない商品は、できるだけ長く使おうと努めるのが普通でしょう。

実はここに売り手が仕掛けた落とし穴があります。

修理せざるを得ない商品は、もともと修理で儲けようという価格設定がなされていることがたくさんあるのです。まずは買ってもらえるように安くして売る。そして、しばらくして修理・保守で儲けようというビジネスモデルになっているのです。

世の中で「1円受注」ということが騒がれたことがあります。どこかの地方自治体や公共事業のシステム案件などで、仕入れ先が落札最低価格の1円で受注し「こんなに安く受注してどうするんだ」と心配されるような記事をいくつか読んだことがあるでしょう。データセンターの機器を導入・設置して、ソフトをチューニングして、1円。どうやって元が取れるというのでしょう？ 取れるはずがありません。では、何のためなのか。単なる偽善、いや慈善事業でしょうか？

これは、もちろん宣伝効果ということもあるでしょうが、違う目的もあります。それが修理・保守費用です。

システムを受注しても、導入して終わり、ということはありません。定期的な点検があり、修理があります。さらに、一度そのシステムを導入してしまったら、拡張時はそのシステムをベースにするしかありません。つまり、次回以降の案件は、必ずといっていいほどその仕入れ先にしか発注することはできないのです。仕入れ先もバカではありませんから、長期的に見て儲かる仕組みをちゃんと考えています。

## 1円で買ったのに点検代は数百万

さて、やや専門的な話をしましょう。

機器に定期的な点検が必要だ、というとき。それは何を指すのでしょうか。最も多い例は、機器で使用しているアルミ電解コンデンサを交換することです。アルミ電解コンデンサとは、多くの電気製品に使われているもので、主に蓄電の役割を果たします。

実は、このアルミ電解コンデンサは、必ず経年とともに劣化して、機能しなくなるものなのです。中の溶液が、温度や使用年数によってダメになっていく性質を持っており、低グレード品で1年。高グレード品でも10年くらいしか使えません。よく長年使った電気機器が動かなくなることがありますが、多くはこの部品が劣化したからなのです。

では、このアルミ電解コンデンサ交換とは何をするのか？　単にハンダごてを用いてハンダ部を溶かし、新しいアルミ電解コンデンサ（数十円～数千円）に交換するだけなのです。そして動作確認して、おしまい。

たったこれだけの作業なのに、大型機器だと数百万円を請求されます。社員を派遣してくれてはいますが、数百万円です。

多くの企業が、「保守点検にこれだけの費用がかかるはずはない。そんなに高いのであれば、他社にお願いする」と申し入れるのですが、仕入れ先は必ずこう言い返します。

「他社に依頼なさってもかまいません。ただし、それ以降は、うちの保証対象外となります」

建前上は、他社が関与してしまうと製造元業者として、製品の安全性に関与できないというものです。だから、製造元のこちらにちゃんと点検を依頼せよ、と。

しかし、実態はどこでもできる作業を行なっているだけです。それでも、万が一のことが起きたら大変だ、と思う企業ばかりですから、1円で買ったものに数百万円の点検代を支払い続けています。ただ、エレベーターの点検事業に見られるように、そのほとんどは仕入れ先がやっているのではなく、仕入れ先の関係会社か子会社が実施しているのです。だから、依頼元が他社に頼むまでもなく、事実上、他社に頼んでいる構図に近い。その点検作業は点検作業として、別々に保証されれば、もともとの仕入れ先に頼み続けることもないわけですが、こういう仕入れ先は譲りません。

ただそれでもなお、「万が一のことが起きるかもしれないから購入したところに任せた方がよい」という意見もあるでしょう。もし発火したり故障したりしたら、それこそ取り返しがつかないから、と。その意見は、結局のところどこまでリスクをとるかという議論に帰着せざるを得ません。誰がやっても、結局は故障する可能性は同じくらいとしても、0・00001%のために大金を払うという姿勢はあってもよいでしょう。

## 事前のチェックが必要

しかし、こういう例もありました。

私が通信機器の仕入れ担当だったときのことです。定期点検があったので、仕入れ先に頼むことにしていました。すると、その仕入れ先は「本国からエンジニアを呼ばないといけない」と言います。本国とはアメリカでした。アメリカから呼ぶことになるので、その分の交通宿泊費もかかります、と。やむなく合意したところ、届いた見積りが「宿泊費1週間50万円也」と。たった1週間、実働6日（5泊）です。1泊10万円もかかっています。

どう考えても1泊10万円もかかるはずはありません。私はこういうとき、突然異常なほど執拗な性格に転換してしまう傾向をもっており、仕入れ先に何度も問い合わせました。こういう費用は認めるつもりがないと申し入れ、私があまりにしつこかったので、ついに仕入れ先は「その費用はもう結構です」とあきらめることになります。

ただ、私はそういう見積りが届いたことに憤慨し、何度も宿泊したホテルを尋ねて聞き出し、さらにそのホテルにも執拗に問い合わせたところ、宿泊した部屋はビジネススウィートでかつルームサービスのワイン代まで含まれていることがわかりました。私がしつこかったからといって、そこまで吐露してしまうホテルがよいかどうかは別として、その内容に私は呆れてしまったのです。

修理・保守で儲けようとする仕入れ先はたくさんあります。それを承知で購入するならば別として、事前にしっかりとしたチェックが必要です。購入時はよいけれど、そのあとにかかる費用をきっちりと確認しておかないと「落とし穴」にはまります。

適切な商品に適切な対価を支払うことが、対等な取引であるはずです。不適切な対価を請求されたらたまりません。

## 人件費は固定費か、変動費か

とんでもない仕入れ先たち、そして身内の不正、営業のテクニック、気づかれないうちに金を巻き上げるシステム。これらに気づかないことが利益を下げてしまう要因となってしまうことがおわかりいただけたでしょうか。

さて、最後に各企業や店が十分気づいていることなのに、あえて落とし穴にはまっている現状についてご説明しましょう。それは、利益が下がるということを十分理解しているのに、変革に着手できないということです。どういうことでしょうか？

アメリカのセールスマンから面白いことを聞きました。

かつての不況時に彼は、製造業者に出向いては工場内業務のアウトソーシングサービスを販売していたようです。アウトソーシングとは、外注のことを指します。これまで、工場内で実施していた在庫管理や伝票処理などを代わりに一括で請け負うサービスです。そういう事務作業に近い仕事は、自社でやるよりも、外部に委託した方が安くなるものです。

しかし、彼はそのサービスを受け入れてくれる企業と、まったく耳を貸してくれない企業があることに気づきます。一方ではコスト削減のためにどんどん委託してくれる。でも、あるところでは業態が似ているのに、拒否される。この違いは何だったかというと、労働組合の有無だというのです。

労働組合がないからといって社員の雇用が守られていないとは限りません。ただ、やはり労働組合が強い企業とは大きな差があります。つまり、労働組合のある企業は社員の雇用を守らねばならないゆえに、今いる社員の仕事を奪うことはできなかったのです。たとえ外注化した方が何割か安くなるとしても、結局のところ、その仕事に従事していた社員は減らないので意味がないというわけ。それならば、甘んじてその仕事をさせ続けていた方がよいという判断にしかなりません。

このように外注化したり、内部で作らずに仕入れ先から商品を購入したりした方が安いとわかっていても、内部の従業員の雇用のために断念することがあります。今では日本の企業も外資系化してきたとはいえ、効率化やコスト削減だけのために従業員数を減らすことはなかなかできません。

もちろん、従業員の雇用を守るために新技術を使わない、さらに効率的な設備も使わない、などの方針を貫いていても長期的には必ず適正化されるものです。

旧国鉄職員が人員の整理・効率化を受けて、駅のホームの売店員になったように。出版業界で、電子化の普及によって、写植技師が消えてしまったように。さらには、インターネットの登場によりワイセツ雑誌出版社が廃業しているように。時代の波というものには対抗しがたいものです。ただし、短期的には、自ら変わっていくことはなかなかできません。

私が以前付き合っていた、とある仕入れ先は、バブル崩壊後に仕事量が激減したのですが、それでも企業倫理からか人員整理をすることはありませんでした。「本日は仕事がないので、作業員全員でグラウンドの草むしりをしています」とか「今日は、工場の壁のペンキ塗りです」などと言っていました。

数ヶ月後には、「むしる草も、塗る壁も、もはやありません」と語ってくれたものです。えらく高いペンキ塗りだと思いますが、これをどう評価するかは人によって分かれてしまうでしょう。

## 仕入れを通じて利益構造を変える

社員の給料は、原価の分析の際には「固定費」に分類されます。

突然の地震などで操業が止まったとしても、給料を減らすわけにはいかないからです。

一方、原材料費や消耗品などは、生産量に応じて上下する「変動費」として分類されます。

これまで日本企業は給料を不変の固定費として、「カイゼン」や「5S（整理・整頓・清掃・清潔・躾《しつけ》）」に見られるように変動費の抑制を行なってきました。当然、固定費のなかに含まれる設備投資なども削減してきたわけですが、どちらかといえば固定費よりも変動費に対するアプローチといえます。

それに対して、旧日本企業体質のあり方と異なる外資系のような企業は、「固定費の変動費化」を進めてきました。生産するときだけ従業員を雇って対価を支払えば変動費に近づきます。極論ですが、すべての従業員をバイトとし、時間給でもなく分給とすれば、給料は原材料費と同じになるでしょう。

新製品の多い携帯電話では、モデルごとに浮き沈みがあります。まったく売れなかったり、かなりの数が販売できたり。そのような状況に置かれている企業は、正社員はもとより派遣社員すら雇いたくありません。

とある企業では、新製品が出るたびに、その都度臨時社員を募集し、一ヶ所に集め生産するところもあるそうです。それも「固定費の変動費化」の取り組みの一例でしょう。

そういう業者を知っていれば、自社で組み立てるのをやめて、そこに頼んでしまった方が安上がりのはずです。しかし、自社の方針で従業員活用が掲げられているのであれば、部品単位で仕入れて、自社で組み立てるしかありません。安い仕入れを前にしながら、高い仕入れを選択せねばならないというジレンマが、そこにはあります。

## 仕入れから会社が変わる

私は210ページで、「あえて落とし穴にはまっている現状」と説明しました。

仕入れの旅は、単なる仕入れ手法の話から、あくどい売り手に対する注意の喚起を経て、ついに自分たちの企業方針を見つめるところまでやってきたのです。

私は「会社は誰のものか」という禅問答のような質問に、明確な答えを持っているわけではありません。従業員の雇用をひたすら守る企業も、株主のために超効率化を目指すスマートな企業もあってよいと思っています。

「どちらが優れているか」でもなく、「どちらがよいか」でもなく、どちらに共感するかという好みの問題だからです。儲かる自由があるのであれば、皆で堕ちていく自由もきっとあるのでしょう。

仕入れとは、与えられた条件のなかで、よりよい商品を、安く、早く買えるように模索し続けることです。その行為を通じて、自社の利益を最大化することでもあります。そして、購入した商品を元に、客の自社に対する満足度を増していくことです。

もちろん、「客の自社に対する満足度を増していくこと」が最終目的で、それ以外は手段にすぎません。ときに仕入れ部門は、社内に対して自社で生産するよりも、外部で購入した方が「こんなに安くなる」と訴えることがあります。それは、最終目的のために、自社を犠牲にしても、ときには自己を犠牲にしても、そちらの方が優れていると判断しているからです。

「社内従業員を減らすことになっても、それを勧めるのか」と社内から脅されることもあります。それでも、来るべき時代の波を社内に啓蒙し、低減する役割があるのです。ここまでできている仕入れ部門は多くありません。

ただ、ここまでやれば仕入れ部門は単なる利益向上部門ではないこともおわかりいただけるはずです。仕入れ部門は、利益を下げることを単に抑制するだけではなく、企業や店の将来の戦略を方向付ける役割も担っているということが。そして、外部の潮流を利用することで、社内を感化し、「落とし穴」にはまらせないように仕向ける役割がある、ということが。

利益を上げる、とは単に安く買うことにとどまりません。それは、よりよい外部商品を通じて利益構造を変えていくことでもあるのです。そう考えると、今まで注目していなかった仕入れにスポットライトを浴びせる本当の理由が見えてくるでしょう。

そして、ここまでたどり着いたとき、仕入れの旅は、終着駅を迎えるのです。

# おわりに

最後は私自身の経験から。

私は、この仕入れという世界に大学卒業後すぐに入ることになりました。最初に任された仕事は、ひたすら仕入れ先に支払う金額を計算機に入力することでした。一個0・5円の部品を4000個購入するから2000円、一個12円の部品を100個購入するから1200円……などということを、電卓を片手に一日中ひたすら計算していました。それこそ何百件、何千件という気が狂いそうな入力をひたすら繰り返すだけ。

画面の前でいつしか気を失っていると、イスを蹴られ、「単純作業すらできない奴は、体を動かせ」と言われ、仕入れ先から届いた荷物をひたすら走って生産現場に持っていく仕事を命じられました。

ただ、もともと体を動かすのが得意ではない私は、現場を何往復もしていると、疲れてしまい休むしかありません。すると、今度は「体も動かせない奴は、会社に来るな」と言われました。仕方がなく、できるだけ机にいないようにして、さも用事がありそうに装って生産現場をぶらつき歩くだけ。何もしていないと怪しまれるので、生産現場に落ちているゴミを拾い集めていました。社内美化委員とでも見間違えてくれたかもしれません。

ただ、そうこうしているうちに、会社のさまざまなところを見ることになります。あるところでは、大量に放置されていた試作品たちを。また、あるところでは、廃棄業者に二束三文で売り飛ばされている、使うあてのない莫大な在庫たちを。その一方で、日々大量に納入される購入品たちを。

会社の片隅でゴミを拾い集めながら見つめていたその光景は、まだ会社の仕組みなど何もわからぬ私に、決定的なインパクトを与えるに十分でした。

「仕入れを少し工夫すれば、儲かるはずだ」と私は漠然とながら、確信を持つに至ったのです。ゴミを拾うと同時に、将来につながることになる仕入れのアイディア拾いを必死に始めていました。私の仕入れの遥かな旅の出発駅は、ここだったのです。

仕入れ担当者になってからの私は、あの現場での強烈な印象を持ち続け、さまざまな仕入れについての情報を集めることになります。最低な仕入れ先との取引、優れた仕入れ手法との出会い、多くの仕入れプロとの会話、海外情報の入手、先進的な取り組みの学習。そして、幾多ものトラブルや失敗を経て、おぼろげながら世の中の仕入れを通じた利益向上策の輪郭が見えてくるようになりました。

なかには、かなりあくどいことをやって利益を上げているところもあります。仕入れ先への脅しから始まって、最後には、仕入れ費用ゼロという賞味期限切れ食品再利用まで。

本書では、仕入れを利用して利益を向上させる正攻法から、そのような不正までを紹介してきたつもりです。それゆえに、やや広い内容を扱ったようにも感じますが、これは世界像の一部にしかすぎません。私も、まだ見ぬ地を少しでも知ろうと日々情報を収集しているところです。

この世界は、買い手と売り手との知的ゲームである、という話をしました。

売り手が買い手の裏を読めば、買い手はさらにその裏を読む。すると、売り手はさらにその裏を読む、ということを繰り返しています。これからもその流れは続いていくでしょう。そして、その世界で、仕入れに注目しない個人や企業はかなり損をせざるをえません。

そういう世界が、あなたの知らないところで広がっています。

私が仕入れによる利益向上策を紹介したもう一つの理由は、それがおそらく唯一費用をかけずに実行できることだからです。もし、新商品を開発しようと思えば、費用がかかります。拡販を狙えば、人件費や広告宣伝費がかかることになるでしょう。人員カットを断行しようと思っても、多額の早期退職金の準備は避けられません。ただ、仕入れる価格、他社に支払う価格であれば、何も追加費用はなく始められます。必要なのは、頭脳と行動力だけです。

本書で、最初に書いたのは、牛丼一杯の利益はわずか9円にすぎない、ということでした。しかも、世の中で優良企業と思われているところでさえ、その9円前後しか上げることができず、それ以下のところはたくさんあります。家電量販店など、1%の利益すら上げることができないところもあるのです。

ビジネスをする以上は儲けたい、という感情を当然多くの人が持っています。

もちろん、経常利益率10%の企業が、1%の企業よりも人格・道徳的に優れているといいたいわけではありません。ただ、その儲けの優劣が、詐欺商法は別としても、どれだけ多くの人たちから認められているかということです。営業・販売というアウトプットだけに注目せずに、仕入れ・調達というインプットによって利益を向上させることに注目することは、どれだけ少ない資源で、最大の成果を上げていくかという先端経営に挑戦していくことにほかなりません。

仕入れ強化はエコロジーであるという話を通過して、仕入れ強化は自己・自社の存在意義証明である、というなんだか大袈裟な話にまで発展していきました。

ただ、何かを買ったときに、その製造・仕入れ側について思いをめぐらせるだけでも、華やかな外見からはわからない、多くの人の知恵や葛藤《かっとう》が透けて見えるはずです。本書には、私一人が経験したことだけではなく、私が知り合った仕入れ担当者たちの、まさにその知恵がたくさん織り込まれています。多くの仕入れ担当者たちと話すたびに、この世界の奥深さと知識の果てしない広さに、感嘆してしまうばかりです。

そして、最後に幻冬舎の竹村優子さんにお礼を。その当時、まだ一度しか会ったことのない私に対して、新書の出版を勧めてくださった英断（笑）がなければ、決して本書は成立することがありませんでした。

「仕入れが利益率を決める」――。会社の片隅に佇《たたず》んでいた私が小さなヒントをかき集め、仕入れの情報を広めることで自分が会社や社会にいる存在意義を確認できたように、その結論は、私がゴミを拾いだした日から、あらかじめ決められたものだったのです。

仕入れの旅とは、利益の旅でもあります。

仕入れの旅は終わりません。

２００７年12月

坂口孝則

## 著者略歴

**坂口孝則**《さかぐちたかのり》

現役バイヤーかつ調達業務研究家。
大学卒業後、メーカーの調達部門に配属される。
調達・購買、原価企画を担当。
大手製造業・小売業・調達コンサルティングファームをはじめとする
300社のメンバーが集まる調達・購買業界で日本最大の組織
「購買ネットワーク会」幹事。
メールマガジン「世界一のバイヤーになってみろ!!」執筆者。
著書に『製造業の現場バイヤーが教える　調達力・購買力の基礎を身につける本』
『製造業の現場バイヤーが教える　調達・購買実践塾』(日刊工業新聞社)
『仕入れの基本が面白いほどわかる本』(中経出版)などがある。
メールアドレス:buyer@kyotenlabo.com

幻冬舎新書 071

# 牛丼一杯の儲けは9円

「利益」と「仕入れ」の仁義なき経済学

二〇〇八年一月三十日 第一刷発行
二〇〇八年六月二十五日 第四刷発行

著者 坂口孝則

発行者 見城徹
発行所 株式会社幻冬舎
〒一五一-〇〇五一 東京都渋谷区千駄ヶ谷四-九-七
電話 〇三-五四一一-六二一一(編集)
〇三-五四一一-六二二二(営業)
振替 〇〇一二〇-八-七六七六四三
ブックデザイン 鈴木成一デザイン室
印刷・製本所 中央精版印刷株式会社


Printed in Japan ISBN978-4-344-98070-9 C0295
さ-5-1
幻冬舎ホームページアドレスhttp://www.gentosha.co.jp/
*この本に関するご意見・ご感想をメールでお寄せいただく場合は、comment@gentosha.co.jpまで。